U0052204

把烘焙變簡單 & 什麼都可以作！
一起作 233 道
職人級好味甜點

音羽和紀◎著

everything for

d e

ss e

r t s

前言

　　吃著美味的甜點總能讓人心情愉快，談天也熱絡了起來。使人與人之間的交流更和睦、在日常飲食中為心頭添點滋潤，甜點就是有著這樣的魅力。

　　不過，甜點因為製作較為繁複、需要備齊各種材料和工具，還不上手的人容易感到困難重重。

　　本書所介紹的食譜，即使不是甜點師或廚師，或者視甜點為業餘興趣的人，也可以利用身邊既有的食材，輕鬆地完成好吃的甜點。

　　不必受限於一般製作甜點的常識，經過本書的精心設計，你也可以利用簡便的材料、簡單的方法完成這些甜點。食材也不侷限於水果，出發點在於使用容易取得的材料，同時也揉和了一些和風甜點的元素。

　　從刀工開始，到燙、煮、烤、炸等等火候的控制，經過冷卻至凝固等等變化後，同樣的食材也會呈現出不一樣的味道、口感，再搭配盛盤時不同的溫度，又能再作出更多變化。此外，裝飾方法、擺盤、容器的形狀／顏色／圖案有無，都能讓同樣的甜點展現不同的風情。本書也包含特別以大分量製作，而得以切開分食的甜點，和可以單獨裝飾的小型甜點，風格截然不同，十分有趣。

　　雖然本書是我第一本關於甜點的著作，但就如同料理一般，我希望告訴各位的是，只要依據食材和烹調方式的不同，就能輕鬆變化出各式各樣美味的點心。所以我不遵循一般甜點製作的概念，甚至刻意避開一些困難的作法來進行，希望讓更多人都能享受製作甜點的每一個過程。

　　沒有甜點師傅卻希望能有店內自製甜點的餐館老闆、開設烹飪教室的老師、打算來一場家庭派對的人、想親手製作健康的點心給家人品嚐的你……若這本書能讓不同需求的人作為參考，那將是我的榮幸。書中的食譜繁多，就把書放在手邊，常翻閱內容，我相信某個好點子一定會漸漸萌芽。自由搭配屬於自己的創意，嘗試完成一個獨創的甜點也會很有意思。

　　本書對我來說不僅是新的挑戰，也有了許多新的發現、和意料之外的美味不期而遇，所以寫書的過程相當愉快。無論什麼樣的食材、調理方式，任誰都可以運用各種方法完成好吃的甜點。如果你也能透過本書發現這個道理，將是我最開心的事。

音羽和紀

Contents

基本麵糰＆奶油醬

關於材料・器材

・巧克力基本上使用烘焙專用的調溫巧
　克力。
・煉乳使用的是TAKANASHI乳業株式會
　社的產品。
・慕絲用凝固劑（Espuma COLD）為
　SOSA公司所製。
・海藻糖（參照p.26）使用的是株式會社
　林原所製造的「TREHA」。
・洋菜粉（參照p.14）使用的是株式會社
　富士商事所製造的「PERALAGAR-8」。
・慕絲凝固膠粉（參照p.30）為伊那食品
　工業株式會社所製造。
・使用的烤箱、旋風烤箱皆為商業用型
　號。請依據使用的機器種類不同，微調
　烘烤時間和蒸烤時間。

免烤甜點 &
平底鍋甜點

免烤甜點

**Blanc-manger,
Panna Cotta**

**法式奶酪・
義式奶凍**

法式奶酪的法文原名為blanc-manger，意即「白色的食物」，在法國所使用的材料是杏仁口味的牛奶，本書中則使用更健康的豆奶或芝麻來調味；義式奶凍是在鮮奶油中加入牛奶和砂糖熬煮之後，再加入吉利丁凝固而成。這兩道甜點都可以搭配不同的醬料或配料作變化。

豆奶香蕉法式奶酪

白黑芝麻蘋果法式奶酪

黑芝麻蘋果法式奶酪

黑芝麻和風法式奶酪

白芝麻紅醋栗法式奶酪

豆奶金桔法式奶酪

9

豆奶香蕉法式奶酪

材料（容易製作的分量）
豆奶法式奶酪
- 豆奶　250g
- 細砂糖　70g
- 鮮奶油　150g
- 吉利丁片　5g

香蕉（果肉切丁）　適量
檸檬汁　適量
開心果（切碎）　適量

1　製作豆奶法式奶酪：將吉利丁片放入冷水中泡軟。
2　在豆奶中加入細砂糖，加熱至即將沸騰的狀態後離火。將步驟1的吉利丁瀝去水分後加入，混合均勻。
3　將步驟2的鍋子浸入冰水，待完全冷卻後過濾，再加入鮮奶油。
4　將步驟3的材料倒入容器中，放入冰箱冷卻至凝固。
5　在香蕉丁中加入少許檸檬汁後拌勻，放在已凝固的步驟4法式奶酪上，灑上開心果即完成。

黑芝麻蘋果法式奶酪

材料（容易製作的分量）
黑芝麻法式奶酪
- 牛奶　250g
- 鮮奶油　150g
- 細砂糖　70g
- 黑芝麻　80g
- 吉利丁片　5g

蘋果法式果醬
- 蘋果　適量
- 細砂糖（視需要）　適量
- 檸檬汁（視需要）　適量

檸檬皮（以刨絲器刨成屑）　適量

1　製作黑芝麻法式奶酪：將吉利丁片放入冷水中泡軟。
2　黑芝麻以食物調理機打成粉狀，和細砂糖一起加入牛奶中，加熱至即將沸騰的狀態後離火。將步驟1的吉利丁瀝去水分後加入，混合均勻，加蓋燜蒸約10分鐘。
3　將步驟2的材料過篩後倒入調理盆，加入鮮奶油。盆底浸在冰水中冷卻，直到材料呈黏稠狀為止。
4　將步驟3的材料倒入容器中，放入冰箱冷卻至凝固。
5　製作蘋果法式果醬：將蘋果去芯，帶皮微波加熱至變軟為止。
6　將步驟5的蘋果去皮，以叉子背面壓碎果肉。視需要加入細砂糖和檸檬汁，調整蘋果的甜度和酸度。
7　將步驟6的材料放在已凝固的步驟4法式奶酪上，灑上檸檬皮即完成。

白黑芝麻蘋果法式奶酪

材料（容易製作的分量）
白黑芝麻法式奶酪
- 牛奶　250g
- 鮮奶油　150g
- 細砂糖　70g
- 白芝麻　80g
- 吉利丁片　5g

蘋果（去皮，切丁）　適量
糖漿（以1：1比例混合水和細砂糖，加熱後放涼備用）　適量
檸檬汁　適量
生薑醬（參照p.43＊）　適量

1 製作白芝麻法式奶酪：將吉利丁片放入冷水中泡軟。
2 以食物調理機將白芝麻打成粉狀，和細砂糖一起加入牛奶中，加熱至即將沸騰的狀態後離火。將步驟1的吉利丁瀝去水分後加入，混合均勻，加蓋燜蒸約10分鐘。
3 將步驟2的材料過篩後倒入調理盆，加入鮮奶油。盆底浸在冰水中冷卻，直到材料呈黏稠狀為止。
4 將步驟3的材料倒入容器中，放入冰箱冷卻至凝固。
5 混合蘋果、糖漿、檸檬汁，淋在已凝固的步驟4法式奶酪表面。淋上生薑醬即完成。

黑芝麻和風法式奶酪

材料（容易製作的分量）
黑芝麻法式奶酪（作法同p.10「黑芝麻蘋果法式奶酪」步驟1至4）
黑糖蜜、甘納豆、核桃（烘烤過）　各適量

1 在已凝固的黑芝麻法式奶酪上淋上黑糖蜜，再以甘納豆和核桃點綴即完成。

豆奶金桔法式奶酪

材料（容易製作的分量）
豆奶法式奶酪（作法同p.10「豆奶香蕉法式奶酪」步驟1至4）
糖煮金桔（參照p.51）　適量

1 在已凝固的豆奶法式奶酪上，以切碎的糖煮金桔點綴即完成。

白芝麻紅醋栗法式奶酪

材料（容易製作的分量）
白芝麻法式奶酪（作法同左頁「白芝麻蘋果法式奶酪」步驟1至4）
紅醋栗果醬（參照p.58，以電動攪拌器攪打成泥）適量

1 在已凝固的白芝麻法式奶酪上，倒上紅醋栗果醬即完成。

義式奶凍 佐杏桃＆奇異果＆覆盆子果泥

| Mousse
慕絲 | 慕絲，意即「泡沫」，以發泡後的蛋白或鮮奶油，作出鬆軟的口感。雖然只需將材料混合，作法十分簡單，但若想完成細緻綿密的慕絲，不論是打發蛋白或鮮奶油的方式、混合材料的方法，都有些小技巧需要注意。 |

巧克力慕絲
蘭姆葡萄乾＆拌炒香橙＆李子果醬

蘭姆葡萄乾　　　　　　拌炒香橙　　　　　　李子果醬

義式奶凍
佐杏桃＆奇異果＆覆盆子果泥

材料（容易製作的分量）
義式奶凍（使用洋菜粉）
├ 鮮奶油　200g
├ 牛奶　100g
├ 細砂糖　30g
├ 洋菜粉（凝固劑）　5g
└ 香草莢（縱向對半剖開）　適量
糖煮杏桃（參照p.50）　適量
奇異果　適量
覆盆子果泥（市售品）　適量

1　製作義式奶凍：將鮮奶油、牛奶及香草莢放
　　入鍋中混合，加熱至即將沸騰的狀態後離
　　火。
2　將細砂糖和洋菜粉充分混合均勻後，一口氣
　　倒入步驟1的鍋中，再次開火加熱，攪拌約
　　30秒，使細砂糖和洋菜粉完全融化後過濾備
　　用。
3　在步驟2的材料還溫熱的狀態下，倒入容器
　　中，放入冰箱冷卻至凝固。
4　糖煮杏桃以電動攪拌器攪打成泥。奇異果則
　　以刀輕拍成泥狀。
5　將杏桃、奇異果及覆盆子果泥，分別倒在已
　　凝固的步驟3奶酪上即完成。

⌘　由於洋菜粉具有在常溫下即開始凝結的特性，所
　　以使用洋菜粉時，要趁液體還溫熱時盡快倒入容
　　器中，使其冷卻。在製作時間較為緊迫時則相對
　　方便。由於洋菜粉的顆粒細緻，與水混合時容易
　　結塊，須先和細砂糖充分混合後再使用。

參考：
義式奶凍（使用吉利丁）
├ 鮮奶油　200g
├ 牛奶　100g
├ 細砂糖　30g
├ 吉利丁片　4至5g
└ 香草莢（縱向對半剖開）　1/4根

1　將吉利丁片放入冷水中泡軟。
2　將鮮奶油、牛奶、細砂糖及香草莢放入鍋中
　　混合，加熱至即將沸騰的狀態後離火。將步
　　驟1的吉利丁片去水分後加入，混合均勻。
3　將步驟2的材料過篩後倒入調理盆，盆底浸
　　在冰水中冷卻，直到材料呈黏稠狀為止。
4　將步驟3的材料倒入容器中，放入冰箱冷卻
　　至凝固即完成。

⌘　吉利丁在低於20℃時才會開始慢慢凝固，所以須
　　等到完全冷卻後再倒入容器中，使其凝固。完全
　　凝固需要花費半天至1天的時間，才能得到入口
　　即化的柔軟口感。

巧克力慕絲
蘭姆葡萄乾＆拌炒香橙＆李子果醬

材料（容易製作的分量）
巧克力慕絲（a）
- 烘焙專用巧克力　250g
- 無鹽奶油　25g
- 蛋黃　6個
- 蛋白　6個分
蘭姆葡萄乾、拌炒香橙、
李子果醬（分別參照右記＊）　各適量

1 製作巧克力慕絲：使用乾淨且不含油分及水分的調理盆，混合巧克力和奶油，以隔水加熱方式使其充分融化（b）。慢慢倒入預先置於室溫下退冰的蛋黃，稍加拌勻（c，不要過度攪拌）。
2 另取一個調理盆，倒入蛋白，打至五至六分發（稍微起泡，仍接近液態，d）。
3 將步驟2材料的1/4分量，倒入步驟1的調理盆中，混合均勻（e）。
4 將步驟3的材料倒入裝有步驟2所剩蛋白的調理盆中（f），以不破壞蛋白霜為原則，小心地以矽膠刮刀混合均勻（g，h，攪拌至有光澤即可）。
5 將蘭姆葡萄乾、拌炒香橙與李子果醬分別鋪在容器的底部，倒入步驟4的巧克力慕絲後，放入冰箱冷卻至凝固即完成。

＊蘭姆葡萄乾

材料
葡萄乾　適量
蘭姆酒　適量

將葡萄乾浸泡在蘭姆酒中即可。

＊拌炒香橙

材料
柳橙果肉（不帶皮，切成月牙形）　適量
無鹽奶油　適量
細砂糖　適量

在加熱後的平底鍋中融化奶油，灑上細砂糖，煮至呈焦糖狀後放入果肉拌炒完成。

＊李子果醬

材料
李子　適量
細砂糖　李子重量的30%

1 將李子洗淨後去皮、去果核，切成4等分。
2 鍋中放入步驟1的李子及細砂糖，煮至變軟、呈果醬狀態即可。

香蕉慕絲

巧克力香蕉慕絲

馬斯卡彭慕絲

黃桃＆白桃果凍

Jelly
果凍

炎炎夏日裡特別令人開心的甜品。靈感來自水果的風味和口感，入口時彷彿正在品嚐真實的水果般，一股清爽滋味在口中漾開，也相當適合作為飯後甜點。

葡萄柚果凍

香蕉慕絲

材料（容易製作的分量）
香蕉果泥（熟透，參照下記＊）　100g
鮮奶油　200g
柳橙果肉（不帶皮，切成月牙形）　適量
薄荷葉（切絲）　少許
糖漿（以1：1比例混合水和細砂糖，加熱後放涼備用）　少許
檸檬汁　少許

＊香蕉果泥：香蕉去皮後將果肉切碎，加入少許檸檬汁，微波至果肉均勻受熱後，以電動攪拌器攪打成泥。

1 將鮮奶油打至八分發（拉起打蛋器後鮮奶油呈現彎曲的尖角狀）後和香蕉果泥混合。放入冰箱，使其冷卻後備用。
2 取適量步驟1的材料盛入容器中，淋上添加少許檸檬汁的糖漿，再放上大略切碎的柳橙果肉和薄荷葉，最後灑上柳橙皮即完成。

巧克力香蕉慕絲

材料（容易製作的分量）
鮮奶油　180g
烘焙專用巧克力　50g
香蕉果泥（參照右記＊）　100g
核桃　適量
糖煮栗子（參照右記＊）　適量
巧克力醬（市售品，或參照p.90＊）　適量

1 將巧克力放入調理盆中，隔水加熱融化，冷卻至不燙手的程度後，和香蕉果泥混合。
2 鮮奶油打至八分發（拉起打蛋器後鮮奶油呈現彎曲的尖角狀）後，和步驟1的材料混合。放入冰箱，使其冷卻後備用。
3 取適量步驟2的材料盛入容器中，加上核桃碎粒和糖煮栗子，再淋上巧克力醬即完成。

＊糖煮栗子

材料
義大利剝殼栗子（市售品）　適量
糖漿（水2：細砂糖1）　適量

1 將剝殼栗子放入鍋中，倒入大略蓋過栗子高度的糖漿，煮至栗子中心溫度為80℃左右（若煮過頭栗子會碎開，請留意）即可。

馬斯卡彭慕絲

材料（容易製作的分量）
香蕉果泥（參照左記＊）　100g
馬斯卡彭乳酪　50g
鮮奶油　220g
果乾（無花果、芒果、柳橙、葡萄乾、蔓越莓）　適量
開心果　適量
蜂蜜　適量
糖漿（以1：1比例混合水和細砂糖，加熱後放涼備用）　適量

1 將香蕉果泥＆馬斯卡彭乳酪充分混合均勻。
2 鮮奶油打至八分發（拉起打蛋器後鮮奶油呈現彎曲的尖角狀）後，和步驟1的材料混合。放入冰箱，使其冷卻後備用。
3 混合果乾（如果太大塊，可切小丁）、開心果、蜂蜜、糖漿。
4 取適量步驟2的材料盛入容器中，再放上步驟3的材料即完成。

黃桃＆白桃果凍

材料（1個小型法式肉凍模型的分量）
糖煮白桃（參照p.51，罐頭亦可） 150g
糖煮黃桃（作法同p.51糖煮白桃，罐頭亦可） 150g
洋菜粉（凝固劑） 10g
檸檬汁 適量
醬汁
- 檸檬果肉（不帶皮，切成月牙形） 2片
- 糖漿（以1：1比例混合水和細砂糖，加熱後放涼備用） 40g
- 檸檬汁 10g
- 萊姆皮（以刨絲器刨成屑） 適量

1 分別以電動攪拌器將糖煮白桃和糖煮黃桃攪打成泥，再分別倒入鍋中，加上少許檸檬汁後加熱至80℃左右。
2 另取一鍋放入洋菜粉和150g的水，混合均勻。一邊攪拌，一邊加熱至即將沸騰的狀態。
3 將步驟2的材料分別倒入步驟1的鍋中，各一半分量。
4 將步驟3仍溫熱的黃桃果凍液，倒入預先鋪好保鮮膜的模型中，高度為模型的一半。將模型底部浸入冰水，使果凍冷卻凝固。待其完全凝固後，在上方倒入仍溫熱的白桃果凍液，再次冷卻凝固。接著放入冰箱，使整個果凍完全冷卻凝固。
5 製作醬汁：將檸檬果肉切成3等分，和其他材料混合。
6 將步驟4的果凍從模型中取出，剝除保鮮膜，切成適合的厚度後裝入容器中。淋上步驟5的醬汁即完成。

葡萄柚果凍

材料
葡萄柚（白、紅寶石） 各適量
白酒凍液（參照p.167，凝固前的液體） 適量
葡萄柚法式冰沙（參照下記＊） 適量
薄荷葉 適量

1 在果凍模型（或法式肉凍模型）中鋪上保鮮膜。分別將葡萄柚去皮，切成月牙形。
2 在步驟1的模型底部，先鋪上紅寶石葡萄柚果肉，再倒入少許白酒凍液。
3 將白葡萄柚果肉鋪滿模型的上半部後，倒入白酒凍液滿至模型的邊緣處，放入冰箱，使其完全冷卻凝固。
4 將步驟3的果凍從模型中取出，剝除保鮮膜，切成適當的厚度後裝入容器中。放上葡萄柚法式冰沙和薄荷葉即完成。

＊葡萄柚法式冰沙

材料（容易製作的分量）
葡萄柚果汁（或100%葡萄柚原汁） 600g
糖漿（以1：1比例混合水和細砂糖，加熱後放涼備用） 140至160g
白酒（酒精已揮發後的液體） 200g

1 將糖漿和白酒加進葡萄柚果汁中（調整甜度和酸度的平衡），控制糖度為14%。
2 將步驟1的材料倒入不鏽鋼烤盤中，放入冷凍庫冷卻凝固（參照p.67⌘）。
3 完全結凍後以叉子背面按壓搗碎即完成。

優格慕絲・
黃桃＆白桃果凍

Jelly Cocktail
果凍雞尾酒

將水果和果凍加入酒類作成雞尾
酒。色彩鮮豔華麗，相當適合作為
宴會或派對甜點。

奇異果＆水梨果凍

香橙葡萄柚金巴利酒果凍

哈蜜瓜果凍雞尾酒

莓果果凍雞尾酒

優格慕絲
黃桃＆白桃果凍

材料（容易製作的分量）
白酒凍液（參照p.167，凝固前的液體）　適量
黃桃、白桃（分別切小丁）　各適量
優格慕絲
├ 原味優格　200g
├ 鮮奶油　125g
├ 細砂糖　30g
├ 吉利丁片　4g
├ 檸檬汁　15g
└ 君度橙酒　15g

1　製作優格慕絲：將吉利丁片放入冷水中泡軟，瀝去多餘水分，放入調理盆中，隔水加熱融化（或微波數秒）。另取一個調理盆，放入優格及細砂糖混合均勻，加入融化後的吉利丁後拌勻、過濾。
2　將檸檬汁和君度橙酒加入步驟1的調理盆中，鮮奶油打至七分發（拉起打蛋器後鮮奶油會緩慢地滴落盆中，並能在盆中劃出線條的狀態）後分成2至3次加入，混合拌勻。
3　將步驟2的材料倒入酒杯底部，放入冰箱冷卻凝固。
4　製作白酒凍液，在冷卻凝固前加入黃桃和白桃。倒入已凝固的步驟3果凍上，再次放進冰箱冷藏，使其凝固即完成。

奇異果＆水梨果凍

材料（容易製作的分量）
奇異果　1個
水梨　適量
白酒凍（參照p.167）　適量

1　奇異果去皮，果肉以叉子背面壓碎，成為顆粒較粗的果泥狀。水梨去皮後切小丁。
2　將步驟1的材料和白酒凍混合。
3　慢慢將步驟2的果凍倒入酒杯中即完成。

香橙葡萄柚
金巴利酒果凍

材料（容易製作的分量）
柳橙果凍
├ 柳橙汁（果汁100％）　230g
├ 細砂糖　15g
└ 洋菜粉（凝固劑）　6g
白酒葡萄柚果凍
├ 白酒（酒精已揮發後的液體）　100g
├ 水　140g
├ 細砂糖　40g
├ 洋菜粉　5g
└ 葡萄柚果肉（不帶皮，切成月牙形）　適量
金巴利酒凍
├ 金巴利酒（利口酒）　50g
├ 柳橙汁（果汁100％）　20g
├ 水　20g
├ 細砂糖　20g
└ 洋菜粉　3g

1　製作柳橙果凍：將細砂糖和洋菜粉放入鍋中，充分混合均勻。
2　將柳橙汁加入步驟1的鍋中，充分攪拌，加熱至即將沸騰的狀態。
3　將步驟2的材料離火，冷卻至60℃左右，慢慢倒入玻璃杯，放入冰箱冷卻至凝固即完成。
4　製作白酒葡萄柚果凍：將白酒和材料中的水放入鍋中煮沸，加入預先混合好的細砂糖和洋菜粉，再次煮沸後離火，冷卻至60℃。
5　在已凝固的步驟3果凍上，放上切成3等分的葡萄柚果肉，再慢慢倒入步驟4的材料中。放入冰箱，使其完全冷卻至凝固即完成。
6　製作金巴利酒凍：將細砂糖和洋菜粉放入鍋中，充分混合均勻。
7　將柳橙汁和材料中的水倒入步驟6的鍋中，同時攪拌，加熱至即將沸騰的狀態後離火，加入金巴利酒，冷卻至60℃。
8　在已凝固的步驟5果凍上慢慢倒入步驟7的材料，放入冰箱冷卻待凝固即完成。

哈蜜瓜果凍雞尾酒

材料（容易製作的分量）
哈蜜瓜果凍（綠色）
- 綠色果肉哈蜜瓜精萃果汁（參照p.163，使用的品種為安地斯、王子）　300g
- 糖漿（以1:1比例混合水和細砂糖，加熱後放涼備用）　25g
- 檸檬汁　4g
- 洋菜粉（凝固劑）　6g
- 細砂糖　少許
- 綠色果肉哈蜜瓜（切丁）　適量

哈蜜瓜果凍（紅色）
- 紅色果肉哈蜜瓜精萃果汁（參照p.163，使用的品種為夕張、昆西）　300g
- 糖漿　25g
- 檸檬汁　4g
- 洋菜粉　6g
- 細砂糖　少許
- 紅色果肉哈蜜瓜（切丁）　適量

粉紅氣泡酒（Cerdon）　適量

1　製作哈蜜瓜果凍（綠色）：在綠色果肉哈蜜瓜精萃果汁中，加入糖漿和檸檬汁調整風味。

2　在玻璃杯底鋪上切丁的綠色果肉哈蜜瓜。

3　將細砂糖和洋菜粉放入鍋中，混合均勻後倒入步驟1的果汁中，加熱至即將沸騰的狀態後離火。待冷卻至60℃後，慢慢倒入步驟2的玻璃杯中，放入冰箱冷卻至凝固。

4　製作哈蜜瓜果凍（紅色）：在紅色果肉哈蜜瓜精萃果汁中，加入糖漿和檸檬汁調整風味。

5　在已凝固的步驟3果凍上，放上切丁的紅色果肉哈蜜瓜。

6　將細砂糖和洋菜粉放入鍋中，混合均勻後加入步驟4的果汁，加熱至即將沸騰的狀態後離火。待冷卻至60℃後，慢慢倒入步驟5中。放入冰箱冷卻至凝固。

7　待步驟6的果凍完全凝固後，上桌前倒入適量的粉紅氣泡酒，即可享用。

莓果果凍雞尾酒

材料（容易製作的分量）
藍莓紅酒果凍
- 紅酒（酒精已揮發後的液體）　100g
- 水　140g
- 細砂糖　40g
- 洋菜粉（凝固劑）　5g
- 藍莓　適量

草莓覆盆子果凍
- 覆盆子　適量
- 草莓精萃果汁（參照p.147）　100g
- 洋菜粉　3g

香檳　適量

1　製作藍莓紅酒果凍：將細砂糖和洋菜粉放入鍋中充分混合均勻。

2　在步驟1的鍋中加入紅酒和材料中的水，同時充分攪拌，加熱至即將沸騰的狀態。

3　將步驟2的材料離火，待冷卻至60℃左右，慢慢倒入已在杯底鋪好藍莓的玻璃杯中。放入冰箱，使其完全冷卻至凝固。

4　製作草莓覆盆子果凍：將洋菜粉和草莓精萃果汁放入鍋中，同時攪拌，充分混合均勻，加熱至即將沸騰的狀態離火，冷卻至60℃左右。

5　在已凝固的步驟3果凍上，鋪上覆盆子，再慢慢倒入步驟4的材料。放入冰箱，使其完全冷卻至凝固。

6　步驟5的果凍完全凝固後，上桌前倒入適量的香檳，即可享用。

Œuf à la neige
漂浮之島

- -

這是一道以發泡蛋白所製作的法國傳統點心，輕盈的口
感相當美味。以熱水、蒸籠或旋風烤箱皆能製作。搭配
英式香草醬是最經典的作法，這裡還介紹了其他各種不
同的口味變化。

漂浮之島
佐英式香草醬和杏仁‧淋焦糖醬

草莓漂浮之島
佐開心果

24

奇異果漂浮之島

漂浮之島
佐莓果醬

25

漂浮之島
佐英式香草醬和杏仁・淋焦糖醬

材料（容易製作的分量）
漂浮之島（原味）
- 蛋白　70g
- 海藻糖　40g
- 細砂糖　20g

英式香草醬（參照p.215）　適量
鮮奶油　適量
焦糖醬（參照右記＊）　少許
杏仁片（烘烤過）　適量

1　製作漂浮之島：將蛋白放入調理盆中，充分
　　打散。海藻糖分成3次加入，每次皆以打蛋器
　　充分拌勻。

2　步驟1的蛋白霜打至發泡後，加入細砂糖，
　　打發至蛋白泡沫硬挺、表面富有光澤為止。

3　取2根大湯匙，將步驟2的蛋白霜調整成橄欖
　　形，放入煮沸熱水的鍋中煮（a，也可以蒸
　　籠蒸煮）。浮起來後使其上下翻轉，讓整個
　　蛋白霜均勻受熱。待蛋白霜不黏手後從熱水
　　中取出，放在廚房紙巾上冷卻。

4　將英式香草醬和鮮奶油倒入較深的容器中，
　　再放入步驟3的漂浮之島。淋上焦糖醬，灑
　　上杏仁片即完成。

＊焦糖醬

材料（容易製作的分量）
細砂糖　100g
水　75g

將細砂糖和一半材料中的水放入鍋中，點火
加熱，以打蛋器不時地攪拌，直到鍋中呈均
分的焦糖色為止。待溫度至160℃，焦糖醬呈
現深金黃色時即可熄火，再倒入剩下的水。
重新點火，煮至焦化即完成。

⌘　海藻糖（trehalose）：一種天然的糖類，能夠幫
　　助成形，想要確實作出蛋白霜時相當好用。在這
　　道食譜中，海藻糖還有防止蛋白霜加熱後縮小的
　　效果，甜味也比一般的糖低了一半，讓容易偏甜
　　的蛋白霜不至於過甜。當然也可以普通的砂糖作
　　取代。（參考：株式會社林原「Treha」）

草莓漂浮之島
佐開心果

材料（容易製作的分量）
漂浮之島
- 蛋白　70g
- 海藻糖　40g
- 細砂糖　20g
- 君度橙酒（或琴酒）　2g
英式香草醬（參照p.215）　適量
草莓醬（以電動攪拌器打碎，或市售品）　適量
草莓（小粒）　適量
開心果（切碎）　適量

1　製作漂浮之島：將蛋白放入調理盆中，充分打散。海藻糖分成3次加入，每次皆以打蛋器充分拌勻。
2　步驟1的蛋白霜發泡後就可加入細砂糖，打發至蛋白泡沫硬挺、表面富有光澤為止。最後加入君度橙酒。
3　取2根大湯匙，將步驟2的蛋白霜調整成橄欖形，放入煮沸熱水的鍋中煮（也可以蒸籠蒸煮）。浮起來後使其上下翻轉，讓整個蛋白霜均勻受熱。待蛋白霜不黏手後從熱水中取出，放在廚房紙巾上冷卻。
4　將步驟3的漂浮之島放入較深的容器中，倒入大量的英式香草醬。淋上草莓醬，再灑上草莓（若太大顆，可對半切開）和開心果即完成。

奇異果漂浮之島

材料
漂浮之島（同p.26作法，以大湯匙製作的蛋白霜）　適量
奇異果（綠色）　2個
奇異果（黃金）　1個
糖漿（以1：1比例混合水和細砂糖，加熱後放涼備用）　適量
檸檬汁　適量

1　綠色奇異果去皮後以電動攪拌器打碎，加入糖漿和檸檬汁調味。
2　將步驟1的材料倒入容器中，放上漂浮之島。上面再以去皮後打碎的黃金奇異果點綴即完成。

漂浮之島
佐莓果醬

材料
漂浮之島（同p.26作法，但調整成一口大小）　適量
冷凍綜合莓果　適量
細砂糖　少許
英式香草醬（參照p.215）　適量
開心果（切碎）　少許

1　將綜合莓果和少許的細砂糖混合後微波加熱備用。
2　將英式香草醬倒入容器中，再放入漂浮之島。淋上步驟1的莓果醬，再灑上開心果即完成。

哈蜜瓜漂浮之島佐英式香草醬

黑醋栗漂浮之島

巧克力漂浮之島

哈蜜瓜漂浮之島
佐英式香草醬

加入超寒天，就能作出更加扎實的漂浮之島。也能輕易地撥開，填入醬料。

材料（容易製作的分量）
漂浮之島（使用寒天基底）
- 蛋白　90g
- 寒天基底（參照右記＊）　90g
- 海藻糖　15g
- 細砂糖　5g
- 萊姆皮（以刨絲器刨成屑）　少許

哈蜜瓜　適量
糖漿（以1：1比例混合水和細砂糖，加熱後放涼備用）　適量
英式香草醬（參照p.215）　適量
檸檬和萊姆果凍（參照p.106）　適量
薄荷葉　少許
萊姆皮（以刨絲器刨成屑）　少許

1　製作漂浮之島：將蛋白放入調理盆中，充分打散。一點一點地倒入煮沸的寒天基底，同時以打蛋器持續打發（b）。

2　將海藻糖和細砂糖分成數次加入步驟1的材料中，每次皆混合均勻。打發至蛋白泡沫硬挺（c）後加入萊姆皮混合。將蛋白霜填入擠花袋中。

3　取筒狀慕絲圈（直徑3.5cm，高4.5cm），放在已鋪好矽膠烘焙墊的烤盤上，將步驟2的材料擠入慕絲圈中（d），表面以鮮奶油抹刀抹平（e）。以85℃的旋風烤箱（或蒸籠）蒸約4分鐘（f）。從烤箱取出後放涼。

4　冷卻後在中央挖洞，以裝填醬料（參考下記⌘）。

5　以球形挖勺將哈蜜瓜果肉挖成圓球狀，再和糖漿一起裝入真空袋中，抽出空氣真空處理。緊接著打開袋子，取出哈蜜瓜。

6　將步驟4的漂浮之島從模型取出，裝入容器中，在挖好洞的位置倒入英式香草醬。在周圍倒入檸檬和萊姆果凍，以步驟5的哈蜜瓜和薄荷葉點綴，最後灑上萊姆皮即完成。

⌘　挖洞方法：取一個比漂浮之島直徑略小的慕絲圈，嵌入蛋白霜離底部5mm的位置，再以小湯匙挖取小慕絲圈中的蛋白霜即可。

＊寒天基底

材料（容易製作的分量）
水　500g
細砂糖　500g
慕斯凝固膠粉（a，超寒天，伊那食品工業株式會社製造）　22g

將材料的水和細砂糖放入鍋中，煮沸後加入慕斯凝固膠粉，煮至融化。

黑醋栗漂浮之島

材料（容易製作的分量）
漂浮之島（黑醋栗風味）

- 蛋白　70g
- 海藻糖　40g
- 細砂糖　20g
- 黑醋栗果泥（市售品）　適量

英式香草醬（參照p.215）　適量

黑醋栗醬

- 黑醋栗果泥（市售品）　50g
- 糖漿（以1：1比例混合水和細砂糖，加熱後放涼備用）　60g
- 檸檬汁　2g
- 黑醋栗　適量
- ＊全部混合在一起

1 製作漂浮之島：將蛋白放入調理盆中，充分打散。海藻糖分成3次加入，每次皆以打蛋器充分拌勻。

2 步驟1的蛋白霜打至發泡後就可加入細砂糖，再打發至蛋白泡沫硬挺、表面富有光澤為止。最後加入黑醋栗果泥混合（使用分量依果泥濃度而定）。

3 取2根大湯匙，將步驟2的蛋白霜調整成橄欖形，放入煮沸熱水的鍋中煮（也可以蒸籠蒸煮）。浮起來後使其上下翻轉，讓整個蛋白霜均勻受熱。待蛋白霜不黏手後從熱水中取出，放在廚房紙巾上冷卻。

4 將英式香草醬倒入較深的容器中，再放入步驟3的漂浮之島。淋上黑醋栗醬即完成。

巧克力漂浮之島

材料（容易製作的分量）
漂浮之島（巧克力口味）

- 蛋白　90g
- 寒天基底（參照p.30＊）　90g
- 海藻糖　15g
- 細砂糖　5g
- 可可粉　15g

英式香草醬（參照p.215）　適量
鮮奶油（五分發）　適量
烘焙專用巧克力（削成碎片）　適量

1 製作漂浮之島：將蛋白放入調理盆中，充分打散。一點一點地倒入煮沸的寒天基底，同時以打蛋器持續打發。

2 將海藻糖和細砂糖分成數次加入步驟1的調理盆中，每次皆充分混合均勻。打至八分發（拉起打蛋器後蛋白呈現彎曲的尖角狀）後加入可可粉，繼續打發至蛋白泡沫硬挺為止。

3 在鍋中煮沸大量熱水，以大湯匙舀取步驟2的蛋白霜，放入熱水中煮2至3分鐘（也可以蒸籠蒸煮）。浮起來後使其上下翻轉，讓整個蛋白霜均勻受熱。待蛋白霜不黏手後從熱水中取出，放在廚房紙巾上冷卻。

4 將英式香草醬倒入較深的容器中，再放入步驟3的漂浮之島。最後以鮮奶油和巧克力點綴即完成。

草莓洛神花
漂浮之島

漂浮之島
佐紅茶英式香草醬

Parfait	芭菲（冰淇淋水果凍）能帶給所有喜愛甜點的人幸
芭菲	福感。除了經典、美味的水果芭菲和巧克力芭菲之
	外，本書也介紹了稍加變化的自創芭菲。請享受這
	集結於一個玻璃杯之中，風味和口感變化多端，卻
	又有著絕佳和諧的滋味。

綜合莓果芭菲

草莓洛神花漂浮之島

材料（容易製作的分量）
漂浮之島（使用寒天基底）
- 蛋白　90g
- 寒天基底（參照p.30＊）　90g
- 海藻糖　15g
- 細砂糖　5g
- 君度橙酒（或琴酒）　2g
- 柳橙皮（以刨絲器刨成屑）　少許

草莓調味醬汁
- 紅酒（煮至濃縮一半分量）　200g
- 草莓（櫪乙女草莓）果泥（以電動攪拌器將草莓打碎，或使用市售品）　150g
- 柳橙皮　1個分
- 薄荷葉　少許
- 香草莢（縱向對半剖開）　1/2根

洛神花茶泡沫
- 水　1ℓ
- 細砂糖　80g
- 蜂蜜　40g
- 洛神花茶泡沫　16g
- 吉利丁片　12g（浸泡冷水軟化膨脹後，瀝去多餘水分）

英式香草醬（參照p.215）　適量
草莓（櫪乙女草莓）　適量

1　以p.30的作法製作漂浮之島，但將檸檬皮換成君度橙酒和柳橙皮，並在預備填裝醬料的位置挖洞備用。
2　製作草莓調味醬汁：將材料全部放入鍋中煮至沸騰，1分鐘後熄火，加蓋燜出香氣，15分鐘後過濾備用。
3　草莓切成月牙形，和步驟2的材料混合。
4　製作洛神花茶泡沫：將材料中的水、細砂糖、蜂蜜放入鍋中煮沸。熄火後放入茶葉，加蓋燜約10分鐘，放入吉利丁，以細網篩過濾備用。
5　將步驟1的漂浮之島從模型取出，盛入容器中，將英式香草醬填入洞中，再以步驟3的草莓點綴。最後取少許溫熱的步驟4材料，放入調理盆中，將盆底浸入冰水冷卻，同時以電動攪拌器打至發泡，作出洛神花茶泡沫（a，b），取一大球放在漂浮之島上即完成。

漂浮之島 佐紅茶英式香草醬

材料
漂浮之島（原味，同p.26作法）　適量
漂浮之島（巧克力口味，同p.31作法）　適量
柳橙果肉（不帶皮，切成月牙形）　適量
紅茶英式香草醬（容易製作的分量）
- 牛奶　1ℓ
- 紅茶葉（伯爵）　20g
- 蛋黃　10個
- 細砂糖　250g

1　將兩種口味的漂浮之島，分別以大湯匙舀起後放入熱水中煮（或蒸）好備用。將柳橙果肉切成2至3等分。
2　製作紅茶英式香草醬：牛奶以鍋子加熱後，加入茶葉，加蓋燜約15分鐘。將茶葉濾掉後，重新加熱至即將沸騰的狀態。
3　將細砂糖和蛋黃放入調理盆中，以打蛋器前端輕輕磨擦盆底，大幅度畫圓，充分攪拌。
4　將步驟2的紅茶一點一點地加入步驟3的材料中，混合均勻。
5　將步驟4的材料倒回鍋中，以小火加熱，同時以木杓攪拌，直到鍋中呈黏稠狀（參照p.215）。
6　將兩種口味的漂浮之島盛入容器中，慢慢倒入步驟5的醬汁，最後灑上柳橙果肉即完成。

綜合莓果芭菲

材料
綜合莓果（冷凍） 適量
細砂糖 適量
煉乳冰淇淋（參照下記＊） 適量
奶酥（參照p.213，烘烤過） 適量
薄荷葉 適量
薄荷蛋白霜（容易製作的分量）
├ 蛋白 2個分
├ 細砂糖 40g
└ 薄荷利口酒（綠色） 少許

1 製作薄荷蛋白霜：將蛋白打入調理盆中，以
  打蛋器打發，細砂糖分成2次加入，持續打發
  至蛋白泡沫硬挺、表面富有光澤後，加入少
  許薄荷利口酒。將蛋白霜填入擠花袋中，在
  鋪有烘焙紙的烤盤上擠出適合的大小，放入
  已預熱至100℃的烤箱烤約半小時。
2 在綜合莓果中放入細砂糖，以500w微波加熱
  約2分鐘。
3 依序將步驟2的綜合莓果、煉乳冰淇淋、綜
  合莓果盛入容器中，灑上奶酥，放上步驟1
  的薄荷蛋白糖霜，依喜好以薄荷葉裝飾即完
  成。

＊煉乳冰淇淋

材料（容易製作的分量）
煉乳（市售品） 1ℓ
牛奶 250g
轉化糖（Trimoline，麥芽糖也可） 125g

1 將牛奶和轉化糖放入鍋中混合加熱，使其充
  分融化。倒入調理盆中，將盆底浸入冰水，
  充分冷卻。
2 把煉乳倒入步驟1的調理盆中，充分混合均
  勻，最後倒入冰淇淋機，製成冰淇淋即完
  成。

草莓蛋糕芭菲 photo p.36

材料
草莓和覆盆子果泥醬（coulis，市售品） 適量
煉乳冰淇淋（參照左記＊） 適量
海綿蛋糕（參照p.213，剝成大塊） 適量
草莓（切碎和縱向對半切開2種形狀） 適量
杏仁片（烘烤過） 適量

1 將切好的草莓、煉乳冰淇淋、草莓和覆盆子
  泥醬、海綿蛋糕、草莓和覆盆子泥醬依序盛
  入容器中，最後放上1小球煉乳冰淇淋，以
  及縱向對半切開的草莓，再灑上杏仁片即完
  成。

糖煮金桔芭菲 photo p.36

材料
糖煮金桔（參照p.51，切碎和橫向對半切開2種形
狀） 適量
蘋果（切小丁） 適量
米布丁（參照p.202步驟1） 適量
煉乳冰淇淋（參照左記＊） 適量
奶酥（參照p.213，烘烤過） 適量
核桃（烘烤過） 各適量

1 將切碎的糖煮金桔、蘋果丁、米布丁、煉乳
  冰淇淋、奶酥依序盛入容器中，最後放上1小
  球冰淇淋，以及橫向對半切開的糖煮金桔，
  再灑上核桃即完成。

草莓蛋糕芭菲 recipe p.35

糖煮金桔芭菲 recipe p.35

柚子芭菲

芒果百香果芭菲

覆盆子芭菲 recipe p.42

蘋果肉桂芭菲

柚子芭菲

材料
柚子果凍（容易製作的分量）
- 水　200g
- 柚子果汁　100g
- 白酒　100g
- 細砂糖　50g
- 洋菜粉（凝固劑）　20g

君度橙酒法式冰沙
- 君度橙酒　適量
- 糖漿（以1：1比例混合水和細砂糖，加熱後放涼備用）　適量
- 水　適量

安茹蛋白乳酪（Crémet d'Anjou，參照右記）適量
白玉珍珠粉圓（煮後泡冷水備用）　適量
卡士達醬（參照p.214）、鮮奶油（打發至蛋白泡沫硬挺）　各適量（相同分量）
蜜柑（撕去纖維薄皮後的果肉）　適量
糖煮橙皮（以水和細砂糖1：1所煮的糖漿，浸煮至半透明為止）　適量

1 製作柚子果凍：煮沸白酒使酒精揮發，加入材料中的水、柚子果汁後再次加熱至即將沸騰的狀態，一口氣倒入預先充分混合的細砂糖和洋菜粉，一邊拌勻的同時，持續加熱約30秒。接著倒入烤盤等容器中，將盤底浸入冰水，充分冷卻後放入冰箱冷卻至凝固。

2 製作君度橙酒法式冰沙：煮沸君度橙酒，酒精揮發後加入糖漿和水，將糖度調整成14%。倒入不鏽鋼烤盤中，放入冷凍庫冷卻至凝固（參照p.67℃）。完全結凍後以叉子背面按壓搗碎成雪酪狀。

3 將柚子果凍、蜜柑果肉、安茹蛋白乳酪、白玉珍珠粉圓依序盛入容器中，再放上卡士達醬和發泡鮮奶油等量混合作成的奶醬，放上1球步驟2的冰沙，最後以切絲的糖煮橙皮點綴即完成。

芒果百香果芭菲

材料
鳳梨、芒果、奇異果（各切小丁）　各適量
百香果（種籽部分）　適量
安茹蛋白乳酪（容易製作的分量）
- 原味優格（同步驟1，放置一晚瀝去水分後備用）　250g
- 義式蛋白霜（參照p.150＊）　150g
- 鮮奶油（打至八分發）　200g

白玉珍珠粉圓（以充足的熱水煮透後浸漬於加了香草莢的糖漿中）　適量
香草冰淇淋（參照p.42＊）　適量
芒果瓦片（參照下記＊）　適量

1 製作安茹蛋白乳酪：於竹篩鋪上棉布巾，放在鍋子上，將優格倒入竹篩，放置一晚瀝去水分（不需要在上面壓重物，自然地瀝水即可）。將瀝過水分的優格和義式蛋白霜與打發鮮奶油混合均勻。

2 於竹篩鋪上棉布巾，放在鍋子上，將步驟1的乳酪倒入竹篩，放入冰箱冷藏半天至1天，讓乳酪更扎實。

3 所有的水果放入調理盆中混合備用。

4 將步驟3的水果和步驟2的安茹蛋白乳酪、白玉珍珠粉圓依序盛入容器中，依此順序再疊放一次，最後放上1小球香草冰淇淋，再以芒果瓦片點綴即完成。

＊芒果瓦片

材料（容易製作的分量）
芒果泥（市售品）　250g
水　125g
細砂糖　60g
結蘭膠（粉狀，凝固劑）　0.7g

1 將芒果泥和材料中的水放入鍋中，煮至沸騰，再倒入預先充分混合的細砂糖和結蘭膠粉後拌勻。一邊攪拌的同時持續加熱30秒後過濾備用。

2 在鋪好矽膠烘焙墊的烤盤上薄塗步驟1（也可使用以厚紙切割而成的模型），放入85℃的烤箱乾燥3至4小時即可。

蘋果肉桂芭菲

材料
蘋果（去皮，切丁） 適量
檸檬汁 適量
奶酥（參照p.213，烘烤過） 適量
蘋果白蘭地法式冰沙（參照右記＊） 適量
蘋果肉桂雪酪（容易製作的分量）
├ 蘋果果泥（參照右記＊） 500g
├ 水 250g
└ 蘋果白蘭地 5g
伯爵茶慕絲（容易製作的分量）
├ 牛奶 500g
├ 伯爵茶葉 12g
├ 蛋黃 5 個
├ 細砂糖 100g
├ 鮮奶油 100g
└ 慕絲用凝固劑（Espuma COLD） 45g
　（也可以吉利丁片5g代替）
肉桂粉 少許
栗子粉蛋白霜（參照p.195，烘烤過） 適量

1 製作蘋果肉桂雪酪：將所有的食材混合均勻後，倒入冰淇淋機中製成雪酪。
2 製作伯爵茶慕絲：牛奶以鍋子加熱至即將沸騰的狀態，加入茶葉，熄火燜15分鐘後過濾備用。將蛋黃和細砂糖放入調理盆中，以打蛋器攪拌混合，一點一點地倒入伯爵茶風味的牛奶拌勻。冷卻至不燙手的程度後，加入鮮奶油和慕絲用凝固劑，裝入奶油槍瓶中，填充氮氣備用。
3 將蘋果和檸檬汁混合，以500w微波加熱約5分鐘（直到整體呈半透明狀）。
4 將步驟3的蘋果、奶酥、蘋果白蘭地法式冰沙、步驟1的蘋果肉桂雪酪依序盛入容器中，擠上充分搖勻的步驟2慕絲，灑上肉桂粉，最後以栗子粉蛋白霜點綴即完成。

＊蘋果果泥

材料（容易製作的分量）
蘋果（紅玉） 2個
無鹽奶油 15g
細砂糖 60g
糖漿（以1：1比例混合水和細砂糖，加熱後放涼備用） 適量
肉桂粉 適量

1 蘋果去皮，分別切成10等分的月牙形。
2 將細砂糖均勻覆蓋在平底鍋的表面，加熱至焦糖狀。放入奶油，緊接著放入步驟1的蘋果翻炒。
3 待所有蘋果都均勻沾裹焦糖後放入烤盤中，以錫箔紙覆蓋，放入160℃的烤箱烘烤。中途上下翻面，直到蘋果呈現有如反轉蘋果塔般，連中心都烤成近焦糖色的狀態。
4 將步驟3的蘋果以電動攪拌機攪打成泥，再以糖漿調味，最後加入肉桂粉拌勻即可。

＊蘋果白蘭地法式冰沙

材料
蘋果白蘭地 依水分量的10%
細砂糖 適量

1 煮沸蘋果白蘭地，使酒精揮發（依個人喜好決定酒精揮發程度），加入適量的水後再次加熱，同時加入細砂糖，將糖度調整成14%。
2 將步驟1的材料倒入不鏽鋼烤盤中，放入冷凍庫冷卻至凝固（參照p.67⌘）。完全結凍後以叉子背面按壓搗碎即完成。

蘋果香蕉芭菲

蘋果柿子芭菲

草莓芭菲

草莓抹茶芭菲

覆盆子芭菲 photo p.37

材料
椰奶米布丁（4人分）
├ 米布丁（參照p.202步驟1，凝固備用） 200g
└ 椰奶 100g
香草冰淇淋（參照下記＊） 適量
綜合莓果（市售品） 適量
細砂糖 適量
檸檬汁 適量
覆盆子 適量
糖粉 適量

＊香草冰淇淋：英式香草醬（參照p.215）1L
混合鮮奶油200g，倒入冰淇淋機中製成冰淇
淋。

1 將米布丁和椰奶放入鍋中混合，以文火再次
加熱即完成椰奶米布丁。
2 將少許細砂糖和檸檬汁加入綜合莓果中浸
漬。
3 將步驟1的椰奶米布丁、步驟2的綜合莓果、
香草冰淇淋依序盛入容器中，最後放上覆盆
子，再灑上糖粉。

蘋果香蕉芭菲

材料
海綿蛋糕（參照p.213，剝成碎塊） 適量
蘋果（紅玉） 適量
香蕉 適量
鮮奶油（打至八分發） 適量
伯爵茶慕絲（參照p.39） 適量
香草冰淇淋（參照右記＊） 適量
無鹽奶油、細砂糖、檸檬汁 各適量
核桃（烘烤過） 適量

1 蘋果去皮、切丁，拌入少許檸檬汁後微波加
熱，再和去皮、切丁的香蕉混合。

2 另剝一條香蕉，縱切成長條狀。以平底鍋加
熱少許奶油，灑入細砂糖，呈焦糖狀後放入
香蕉煎炒，取出備用。利用鍋中殘餘的汁液
炒核桃，作成醬汁。
3 將步驟1的蘋果和香蕉、海綿蛋糕、打發鮮
奶油、伯爵茶慕絲依序盛入容器中，再加上
香草冰淇淋和步驟2的香蕉，最後淋上步驟2
的核桃醬汁即完成。

草莓芭菲

材料
糖漬草莓柳橙
├ 草莓（切丁） 適量
├ 柳橙果肉（不帶皮，切成月牙形） 適量
├ 糖煮橙皮（以水和細砂糖1：1所煮的糖漿，浸
│ 煮至半透明，切絲） 少許
└ 細砂糖 少許
卡士達醬（參照p.214） 適量
鮮奶油（打至八分發） 適量
海綿蛋糕（參照p.213，剝成碎塊） 適量
香草冰淇淋（參照左記＊） 適量
草莓（縱向切薄片） 適量
白巧克力（削成絲片） 適量

1 製作糖漬草莓柳橙：將切丁的草莓、柳橙果
肉、糖煮橙皮混合少許細砂糖後浸漬10至15
分鐘。
2 將步驟1的材料放入容器底部，再依序放入
卡士達醬、海綿蛋糕、打發鮮奶油。放上1球
橄欖形的香草冰淇淋，最後以草莓薄片和白
巧克力絲點綴即完成。

蘋果柿子芭菲

材料
柿子、蘋果　各適量
安茹蛋白乳酪（參照p.38）　適量
奶酥（參照p.213，烘烤過）　適量
卡士達醬（參照p.214）　適量
鮮奶油（打至九分發）　適量
糖漿（以1：1比例混合水和細砂糖，加熱後放涼
備用）　適量
檸檬汁　適量
生薑琴酒法式冰沙（參照下記＊）　適量
生薑醬（參照下記＊）　適量

＊生薑醬：生薑去皮後切絲，水煮。瀝去水分後
　放入鍋中，倒入蓋過生薑高度的糖漿（水與細
　砂糖1：1）後加熱，以小火慢煮至均勻受熱
　後，放在室溫下冷卻。

1　柿子去皮，和糖漿一起倒入真空袋中，經過
　　真空處理後切丁。蘋果去皮後切小丁，以
　　500w微波加熱約2分鐘。將2種水果混合，再
　　倒入糖漿、檸檬汁浸漬。
2　將步驟1的材料盛入容器底部，依序放入安
　　茹蛋白乳酪、奶酥，再放上卡士達醬和發泡
　　鮮奶油等量混合成的奶醬。放上生薑琴酒法
　　式冰沙，和步驟1的糖漬水果，最後放入生
　　薑醬即完成。

＊生薑琴酒法式冰沙

材料（容易製作的分量）
水　500g
生薑泥　30g
檸檬汁　1/2顆分
細砂糖　100g
琴酒　20g
糖漿（以1：1比例混合水和細砂糖，加熱後放涼
備用）　適量

1　糖漿以外的材料混合後加入糖漿，將糖度調
　　整成14%。
2　將步驟1的材料倒入不鏽鋼烤盤中，放入冷
　　凍庫冷卻至凝固（參照p.67ℋ）。
3　完全結凍後以叉子背面按壓搗碎即可。

草莓抹茶芭菲

材料
抹茶蛋白霜（容易製作的分量）
├ 蛋白　1個分
├ 海藻糖　10g
├ 細砂糖　10g
└ 抹茶粉　適量
紅豆奶霜（容易製作的分量）
├ 鮮奶油（打至七分發）　100g
├ 卡士達醬（參照p.214）　50g
└ 紅豆泥　40g
抹茶奶霜（容易製作的分量）
├ 鮮奶油　100g
├ 細砂糖　8g
└ 抹茶粉　適量
米布丁（參照p.202步驟1）　適量
草莓（切丁）　適量
蜜黑豆（市售品）　適量
黑糖蜜　適量
抹茶粉　適量

1　製作抹茶蛋白霜：將蛋白打入調理盆中，以
　　打蛋器打發，一邊加入海藻糖的同時持續打
　　發。打至七分發（拉起後鮮奶油會緩慢地滴
　　落盆中，並能在盆中劃出線條的狀態）後，
　　加入預先混合好的細砂糖及抹茶粉，持續打
　　發至蛋白泡沫硬挺、表面富有光澤為止。填
　　入擠花袋中，在鋪有烘焙紙的烤盤中擠出直
　　徑1.5cm的圓形，以預熱至100℃的烤箱，烘
　　乾約30分鐘至1小時。
2　製作紅豆奶霜：將卡士達醬和紅豆泥充分混
　　合均勻，加入鮮奶油，不須過度攪拌，略為
　　混合即可。
3　製作抹茶奶霜。混合鮮奶油及細砂糖，打發
　　至呈黏稠狀為止，以濾網過篩加入抹茶粉，
　　持續打至八分發（拉起後奶霜呈現彎曲的尖
　　角狀）。
4　混合蜜黑豆和黑糖蜜備用。
5　將米布丁盛入容器底部，依序放入草莓、步
　　驟2的紅豆奶霜、草莓、步驟4的蜜黑豆、步
　　驟3的抹茶奶霜。最後放上步驟1的抹茶蛋白
　　霜，並在表面灑上抹茶粉即完成。

咖啡椰奶慕絲芭菲

栗子巧克力芭菲 糖煮西洋梨芭菲

咖啡椰奶慕絲芭菲

材料
咖啡凍（參照p.107） 適量
白玉珍珠粉圓（煮後泡冷水備用） 適量
椰奶慕絲（容易製作的分量）
- 椰奶 200g
- 鮮奶油（打至七分發） 150g
- 細砂糖 50g
- 吉利丁片 5g

可可奶酥（容易製作的分量）
- 可可粉 40g
- 杏仁粉 100g
- 三溫糖 200g
- 高筋麵粉 160g
- 榛果粉 100g
- 無鹽奶油 200g
- ＊作法請參照p.213的原味奶酥，烘烤後備用。

咖啡泡沫（容易製作的分量）
- 水 500g
- 即溶咖啡（顆粒） 適量
- 吉利丁片 5g

蘭姆酒法式冰沙（容易製作的分量）
- 蘭姆酒（酒精已揮發後的液體） 20至25g
- 水 180g
- 細砂糖 30g

焦糖咖啡片
- 焦糖粉末（參照下記＊） 適量
- 咖啡豆粉末（咖啡豆磨碎後的顆粒） 少許（依個人喜好）

＊焦糖粉末：將分量稍多的細砂糖放入鍋中後點火加熱，不時地攪拌一下，直到呈均勻的焦糖狀。待顏色變成濃郁的金黃色後即可倒在矽膠烘焙墊上，放在陰涼處冷卻，凝固後以電動攪拌機攪打成粉末。

1 製作蘭姆酒法式冰沙：將材料中的水和細砂糖放入鍋中，煮至砂糖融化，加入蘭姆酒調整糖度至14%。倒入不鏽鋼烤盤中，放入冷凍庫冷卻至凝固（參照p.67⌘），完全結凍後以叉子背面按壓搗碎。

2 製作焦糖咖啡片：先將焦糖粉末和咖啡豆粉末充分混合，再以濾網在鋪好矽膠烘焙墊的烤盤上灑出薄薄的圓形（也可將厚紙板挖出圓形作為模板），放入預熱至160℃的烤箱烤約5分鐘。

3 製作椰奶慕絲：將吉利丁片放入冷水中泡軟備用。將椰奶和細砂糖放入鍋中混合，加熱至冒出小氣泡後即可熄火，加入擰去多餘水分的吉利丁片後拌勻、融化。過濾後冷卻至不燙手的程度，加入打至七分發（拉起後鮮奶油會緩慢地滴落盆中，並能在盆中劃出線條的狀態）的鮮奶油混合後放入冰箱冷卻。

4 製作咖啡泡沫：將吉利丁片放入冷水中泡軟。將材料中的水和即溶咖啡混合後煮沸，再加入擰去多餘水分的吉利丁片，攪拌融化。

5 容器中依序放入咖啡凍、白玉珍珠粉圓、步驟3的椰奶慕絲、咖啡凍、珍珠粉圓、椰奶慕絲、可可奶酥、步驟1的蘭姆酒法式冰沙。最後取少許的步驟4材料，放入調理盆中、將盆底浸入冰水，以電動攪拌器攪打發泡（a）作成咖啡泡沫後放在頂端，再以步驟2的焦糖咖啡片點綴即完成。

栗子巧克力芭菲

材料
巧克力慕絲（參照p.15步驟1至4）　適量
海綿蛋糕（可可口味，參照p.213）　適量
糖煮栗子（參照p.18＊）　適量
煉乳冰淇淋（參照p.35＊）　適量
栗子粉蛋白霜（參照p.195）　適量
糖煮橙皮（以水和細砂糖1：1所煮的糖漿，浸煮
至半透明為止，市售品也可，切碎）　適量
洋栗果泥（市售品）　各適量

1　將巧克力慕絲、可可口味海綿蛋糕、糖煮栗
子、煉乳冰淇淋、栗子粉蛋白霜、糖煮橙皮
依序盛入容器中。最後將栗子泥放入擠花袋
中擠在芭菲上，再以剁碎的糖煮栗子、剁成
適當大小的栗子粉蛋白糖霜點綴即完成。

糖煮西洋梨芭菲

材料
白酒燉西洋梨（參照p.50，切大塊）　適量
海綿蛋糕（可可口味，參照p.213，剝成大塊）
適量
巧克力慕絲（參照p.15步驟1至4）　適量
煉乳冰淇淋（參照p.35＊）　適量
可可奶酥（參照p.46）　適量
可可粒（grué de cacao，可可豆磨碎、烘烤而
成）　適量
榛果（烘烤過）　適量

1　容器中依序裝入將白酒燉西洋梨、可可口味
海綿蛋糕、巧克力慕絲、煉乳冰淇淋、白酒
燉西洋梨、巧克力慕絲，在表面灑上可可奶
酥。最後放上1小球橄欖形煉乳冰淇淋，再灑
上可可粒和榛果即完成。

好用的甜點素材

Compote 燉煮水果	新鮮水果以糖漿或葡萄酒燉煮後，直接享用就很美味，也可以加入冰淇淋或蛋糕，或作為水果塔等甜點的材料，用途廣泛。

白酒燉西洋梨　　　　　　　　　　　　　　紅酒燉西洋梨

伯爵茶糖煮杏桃

糖煮金桔

白酒燉無花果

糖煮白桃

49

紅酒燉無花果

白酒燉西洋梨

材料（容易製作的分量）
西洋梨　4個
白酒　300g
細砂糖　200g
水　350g
檸檬片　2片
香草莢（已使用過一次，並充分洗淨乾燥）　1根

1　將西洋梨之外的材料全部放入鍋中，煮至沸騰。
2　將去皮的西洋梨放入步驟1的鍋中，以小火煮約30分鐘後熄火，放涼冷卻即完成。

⌘　糖煮水果用的香草莢，可使用已經使用過一次的，全新的香草莢反而香氣過於濃郁。這個作法也能讓價格高的香草莢物盡其用（以下相同）。

紅酒燉西洋梨

材料（容易製作的分量）
西洋梨　4個
紅酒　750g
細砂糖　200g
柳橙片　1片
檸檬片　1片
香草莢（已使用過一次，並充分洗淨乾燥）　1根

1　將西洋梨之外的材料全部放入鍋中，煮至沸騰。
2　將去皮的西洋梨放入步驟1中，以小火煮約30分鐘後熄火，放涼冷卻即完成。

伯爵茶糖煮杏桃

材料（容易製作的分量）
杏桃　4至5個
水　120g
細砂糖　60g
伯爵茶茶包　1個
柳橙（切片）　1片
檸檬（切片）　1片
香草莢（已使用過一次，並充分洗淨乾燥）　適量

1　杏桃洗淨，去除蒂頭，和其他所有材料一併放入真空袋中，真空處理。放入蒸氣旋風烤箱加熱約20分鐘（也可以蒸籠加熱），直到杏桃變軟即完成。

糖煮金桔

材料
金桔　適量
水　同金桔的重量
細砂糖　水重量的50%
香草莢（已使用過一次，並充分洗淨乾燥）　1根
檸檬（切片）　適量

1　金桔橫向切半，去籽。
2　將金桔以外的材料全部放入鍋子中，煮至沸騰。
3　將步驟1的金桔放入步驟2的鍋中，煮沸後轉小火，煮約2至3分鐘後熄火，放涼冷卻即完成。

糖煮白桃

材料（容易製作的分量）
白桃　2個
水　280g
白酒（酒精已揮發後的液體）　70g
細砂糖　60g
檸檬（切片）　1/4顆
香草莢（已使用過一次，並充分洗淨乾燥）　1根

1　將白桃放入滾水中汆燙10至20秒後取出，放入冰水中剝皮，縱向對半切開後去除果核。
2　將步驟1的白桃果粒和果皮，連同其他材料一起放入鍋中，蓋上落蓋後點火加熱。保持鍋中輕微冒出氣泡的程度，煮約20分鐘後熄火，放涼冷卻即完成。

白酒燉無花果

材料（容易製作的分量）
無花果　8個
白酒　200g
細砂糖　250g
水　250g
檸檬（切片）　2片
香草莢（已使用過一次，並充分洗淨乾燥）　1根

1　將無花果以外的材料全部放入鍋中，加熱至沸騰。
2　將去皮後的無花果放入步驟1的鍋中，以小火加熱約5分鐘後熄火，放涼冷卻即完成。

紅酒燉無花果

材料（容易製作的分量）
無花果　8個
紅酒　750g
細砂糖　200g
梅乾（半乾燥）　5個
柳橙（切片）　1片
檸檬（切片）　1片
香草莢（已使用過一次，並充分洗淨乾燥）　1根

1　將無花果以外的材料全部放入鍋中，加熱至沸騰。
2　將去皮後的無花果放入步驟1的鍋中，以小火加熱5分鐘後熄火，放涼冷卻即完成。

Jam, Confiture 果醬	將水果混入砂糖後煮成的果醬，和燉煮水果一樣，可以使用於各式甜點之中。Jam是英文，Confiture是法文，兩者雖然有著極微妙的差異，但幾乎可以說是相同的意思。在本書中以一般食材作出的稱作「果醬」，而食材較為特殊的，則以「法式果醬」作出區別。

香蕉果醬

鳳梨果醬　　　　　　奇異果果醬　　　　　　黃金桃那須野紅茶法式果醬

紅寶石葡萄柚果醬　　　白葡萄柚果醬　　　　　杏桃果醬

香蕉果醬

材料（容易製作的分量）
香蕉　300g
檸檬汁　30g
水　100g
細砂糖　80g

1　香蕉去皮，切成1cm厚片。
2　取銅鍋（或其他厚實的鍋子），放入細砂糖以外的材料，以大火加熱。
3　待香蕉煮軟爛後加入細砂糖，以大火煮至呈黏稠狀（糖度約為40%）即完成。

⌘　砂糖分量為參考，可以依個人喜好作調整。過去製作果醬主要是為了保存食物，現在則演變出各式食用方式並用於料理上，為了因應多種用途，當然甜度也會有所變化。依自己偏好的食用習慣及使用方式製作果醬吧（以下相同）。

鳳梨果醬

材料（容易製作的分量）
鳳梨（去皮）　300g
細砂糖　120g
白酒　少許

1　把鳳梨果肉縱向切六等分的半弧形，再沿著纖維方向切成2mm的薄片，和細砂糖一起放入銅鍋中（或其他厚實的鍋子），開大火加熱。過程中取出少許的鳳梨，以電動攪拌器打碎後再倒回鍋中。
2　煮至呈黏稠狀後加入少許白酒（糖度約為40%）即完成。

奇異果果醬

材料（容易製作的分量）
奇異果（去皮）　230g
細砂糖　100g

1　奇異果果肉以湯匙背面壓碎，和細砂糖一起放入銅鍋中（或其他厚實的鍋子），以大火煮至呈黏稠狀即完成。

黃金桃和那須野紅茶法式果醬

材料（容易製作的分量）
黃金桃（去皮）　2.3kg
細砂糖　700g
檸檬汁　10g
紅茶葉（⌘磨成粉狀）　2g
維生素C粉（視需要）　適量

⌘ 茶葉：食譜中使用的是那須野紅茶，也可使
　　用早餐伯爵茶。

1　將切成大塊的黃金桃果肉、細砂糖、檸檬
　　汁、紅茶葉一併放入銅鍋中（或其他厚實的
　　鍋子），以大火加熱。
2　煮至呈黏稠狀後視需要加入維生素C粉，調
　　整甜度和酸度的平衡（糖度約為45%）即
　　可。

葡萄柚（白·紅寶石）果醬

材料
葡萄柚（白葡萄柚或紅寶石）　適量
細砂糖　適量

1　剝下葡萄柚外層的果皮，切絲，以大量的水
　　汆燙3次。
2　葡萄柚果肉從薄皮中取出，殘留在薄皮上的
　　果汁也盡可能擠出備用。
3　將步驟1的果皮、步驟2的果肉和果汁一併放
　　入銅鍋中（或其他厚實的鍋子），加入總重
　　量30%的細砂糖，以大火加熱。煮至呈濃黏
　　狀、果皮變得透明即可（糖度約為45%）。

杏桃果醬

材料（容易製作的分量）
杏桃（果肉）　1kg
細砂糖　300g
檸檬汁（視需要）　適量

1　將杏桃果肉混合細砂糖，浸漬一晚。
2　將步驟1的果肉全部放入銅鍋中（或其他厚
　　實的鍋子），以大火加熱。
3　煮至呈黏稠狀後，視需要加入檸檬汁調整甜
　　度及酸度的平衡（糖度約為45%）即可。

櫪乙女草莓果醬

藍莓無花果杏桃法式果醬　　　　　紅醋栗果醬

香料李子法式果醬　　　　　國見蜜柑法式果醬

牛奶酒粕法式果醬

櫪乙女草莓果醬

材料（容易製作的分量）
櫪乙女草莓　1kg
細砂糖　300g
檸檬汁　適量

1　草莓以水稍加清洗，混合細砂糖後浸漬1天。
2　將步驟1的材料全部放入銅鍋中（或其他厚實的鍋子），以大火加熱。撈除鍋中的浮沫，煮至呈黏稠狀後，加入檸檬汁調整風味的平衡（糖度約為47%）即可。

藍莓無花果杏桃法式果醬

材料（容易製作的分量）
藍莓　1kg
無花果（半乾燥）　300g
杏桃乾（半乾燥）　200g
細砂糖　600g
紅酒　200g
檸檬汁　25g

1　無花果和杏桃切成1.5cm的丁狀。
2　將檸檬汁以外的材料全部放入銅鍋中（或其他厚實的鍋子），以大火加熱。煮至呈黏稠狀後，加入檸檬汁調整風味的平衡（糖度約為55%）即可。

紅醋栗果醬

材料（容易製作的分量）
杏桃乾（連枝）　1kg
水　1.8kg
細砂糖　600g
檸檬汁　90g

1　將連枝的紅醋栗以水充分洗淨，和材料中的水、細砂糖一起放入銅鍋中（或其他厚實的鍋子），以小火加熱約5分鐘。煮沸後撈除浮沫，再煮5分鐘。
2　將步驟1的材料倒入細網，過篩壓成泥後倒回鍋中，以大火煮至濃縮，最後加入檸檬汁調整風味的平衡（糖度約為55%）即可。

香料李子法式果醬

材料（容易製作的分量）
李子（洗淨去果核）　1kg
細砂糖　300g
紅酒　50g
檸檬汁　適量
肉桂棒　適量
生薑粉（市售品）　適量
香草莢　適量
香草莢（縱向對半剖開）　適量

1　將所有材料混合後浸漬一晚。
2　隔天，將步驟1的材料全部倒入銅鍋中（或其他厚實的鍋子），以大火加熱，撈除浮沫。煮至呈黏稠狀後，視需要加入檸檬汁調整風味的平衡（糖度約為40%）即可。

國見蜜柑法式果醬

材料
國見蜜柑　適量
細砂糖　果汁重量的70%

1　蜜柑去皮，取出籽後壓碎果肉。
2　在鍋子上鋪一層紗布，放上步驟1的蜜柑，靜置1天慢慢濾出果汁。
3　將步驟2濾出的果汁放入銅鍋中（或其他厚實的鍋子），加入果汁重量70%的細砂糖，以小火慢煮至濃縮凝結即可（糖度約為52%）。

牛奶酒粕法式果醬

材料（容易製作的分量）
牛奶　2kg
酒粕（四季櫻）　500g
鮮奶油　250g
細砂糖　600g
香草莢（縱向對半剖開）　少許

1　煮沸牛奶後加入酒粕，轉小火慢煮約10分鐘，使香氣完全散開。
2　將步驟1的材料倒入細網，過篩壓成泥後倒回鍋中，加入鮮奶油及細砂糖後以微火加熱。鍋中略為黏稠後，加入切開的香草莢（取出種籽，連同香草莢一併投入）即可（糖度約為52%）。

香蕉冰淇淋

香蕉雪酪

Ice Cream, Sorbet
冰淇淋·雪酪

冰淇淋與雪酪的差別在於總固形物（牛乳去掉水分所剩下的固形物）和乳脂肪分的含量。冰淇淋的奶味較重，口感也較綿滑。利用食材原本的色彩和風味所完成的冰淇淋或雪酪，無論什麼季節都相當受歡迎，若使用當令食材來製作，就更是一道季節甜點了。可直接享用，或搭配蛋糕及熱騰騰的派，甚至融合在芭菲中，都十分適合。

草莓冰淇淋　　　　　　草莓煉乳冰淇淋

草莓雪酪

紅肉哈蜜瓜＆綠肉哈蜜瓜雪酪

哈蜜瓜精萃果汁雪酪

鳳梨冰淇淋

奇異果＆黃金奇異果雪酪

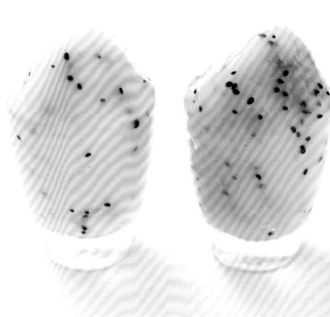

鳳梨雪酪

香蕉冰淇淋

材料（容易製作的分量）
香蕉（果肉）　100g
鮮奶油　50g
英式香草醬（參照p.215）　50g
糖漿（以1：1比例混合水和細砂糖，加熱後放涼備用）　30g

1　香蕉切成適當大小，以500w微波加熱1至2分鐘，直到均勻熱透為止（此步驟是為了預防變色）。
2　混合所有材料後，以電動攪拌機攪打成柔軟滑順的泥狀。
3　將步驟2倒入細網，過篩壓成泥後，倒入冰淇淋機中，製成冰淇淋即完成。

香蕉雪酪

材料（容易製作的分量）
香蕉（果肉）　100g
牛奶　100g
糖漿（以1：1比例混合水和細砂糖，加熱後放涼備用）　30g
柳橙汁（果汁100%）　30g

1　將牛奶和糖漿放入鍋中煮沸，放入切成適當大小的香蕉果肉，使其短時間內再度沸騰。
2　混合所有材料後，以電動攪拌機攪打成柔軟滑順的泥狀。
3　將步驟2的材料倒入細網，過篩壓成泥後，將容器底部浸入冰水充分冷卻，再倒入冰淇淋機中，製成雪酪即完成。

草莓冰淇淋

材料（容易製作的分量）
櫪乙女草莓　300g
英式香草醬（參照p.215）　60g
鮮奶油　60g

1　混合所有材料後以電動攪拌機攪打成泥。
2　將步驟1的材料倒入冰淇淋機中，製成冰淇淋即完成。

草莓煉乳冰淇淋

材料（容易製作的分量）
草莓（櫪乙女草莓）　300g
煉乳（市售品）　120g
糖漿（以1：1比例混合水和細砂糖，加熱後放涼備用）　60g

1　將所有材料放入電動攪拌機中，攪打成柔軟滑順的泥狀。視情況加入分量外的糖漿作調整。
2　將步驟1的材料倒入冰淇淋機中，製成冰淇淋即完成。

草莓雪酪

材料（容易製作的分量）
草莓（櫪乙女草莓）　500g
糖漿（以1：1比例混合水和細砂糖，加熱後放涼備用）　100g
水　25g
檸檬汁　適量

1　將草莓、糖漿、材料中的水混合後，以電動攪拌機攪打成柔軟滑順的泥狀。
2　在步驟1的材料中加入檸檬汁調整風味。視情況加入分量外的糖漿作調整。
3　將步驟2的材料倒入冰淇淋機中，製成雪酪即完成。

哈蜜瓜精萃果汁雪酪

材料（容易製作的分量）
哈蜜瓜精萃果汁（參照p.163） 400g
糖漿（以1：1比例混合水和細砂糖，加熱後放涼
備用） 適量
檸檬汁 適量

1 混合所有材料，調整風味後放入冰淇淋機
中，製成冰淇淋即完成。

鳳梨雪酪

材料（容易製作的分量）
鳳梨汁（果汁100%） 550g
糖漿（以1：1比例混合水和細砂糖，加熱後放涼
備用） 80g
檸檬汁 適量

1 混合所有材料後，調整甜味及酸味的平衡。
2 將步驟1的材料放入冰淇淋機中，製成雪酪
即完成。

鳳梨冰淇淋

材料（容易製作的分量）
鳳梨汁（果汁100%） 500g
英式香草醬（參照p.215） 120g
鮮奶油 120g
細砂糖 適量

1 將鳳梨果汁、英式香草醬、鮮奶油倒入鍋中
混合，以火加熱。加入細砂糖調整甜味後倒
入調理盆中，將盆底浸入冰水冷卻。
2 將步驟1的材料倒入冰淇淋機中，製成冰淇
淋即完成。

紅肉哈蜜瓜＆綠肉哈蜜瓜雪酪

材料（容易製作的分量）
哈蜜瓜果泥（紅肉或綠肉，參照步驟1、2） 300g
糖漿（以1：1比例混合水和細砂糖，加熱後放涼
備用） 40g
檸檬汁 6至8g

1 哈蜜瓜去皮和籽，此過程中流出的果汁，請
過濾備用。
2 將步驟1的果肉和果汁一起放入電動攪拌機
中，攪打成泥。
3 於步驟2的果泥中加入糖漿和檸檬汁調整風
味。
4 將步驟3的材料倒入冰淇淋機中，製成雪酪
即完成。

奇異果＆黃金奇異果雪酪

材料
奇異果（綠色或黃色） 各適量
糖漿（以1：1比例混合水和細砂糖，加熱後放涼
備用） 適量
檸檬汁 適量

1 奇異果去皮，以電動攪拌機打碎。
2 在步驟1的奇異果中加入糖漿和檸檬汁，將
糖度調整成14%，再倒入冰淇淋機中，製成
雪酪即完成。

⌘ 無論冰淇淋或雪酪，最棒的口感就是入口即化。
端上桌之前當然不能有融化的情況發生，但是
凍過頭了也不好。剛剛完成送入冷凍庫時，特別
需要小心，如果表面不平滑，或是混了小冰珠在
內，都會影響口感而使美味打折。
⌘ 製作雪酪時尤其要注意水果的味道及香氣。例如
草莓雪酪，可利用少許的水來調整濃度及順喉的
感覺，同時也要注意酸甜之間的平衡。
⌘ 糖漿和檸檬汁的使用分量，可依照水果本身的糖
度來調整（p.62至p.67皆同）。

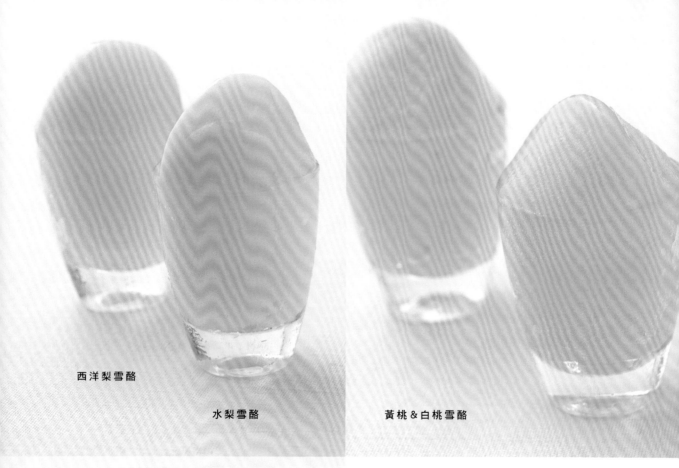

西洋梨雪酪

水梨雪酪

黃桃＆白桃雪酪

栗子冰淇淋

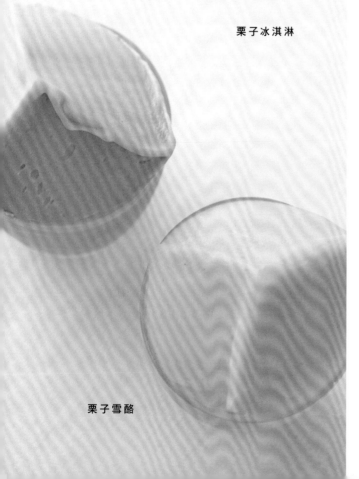

栗子雪酪

法式草莓冰沙

Granité
法式冰沙

不添加多餘的材料，猶如結凍
的水果般，正是法式冰沙的精
神。在肉類料理上桌前，先品
嚐爽口的法式冰沙，令人心情
愉悅。也可作為添加水果風味
的配料來使用。

法式哈蜜瓜冰沙

法式鳳梨冰沙

西洋梨雪酪

材料（容易製作的分量）
白酒燉西洋梨（參照p.50） 250g
燉西洋梨的煮汁 80g
檸檬汁 適量

1 將白酒燉西洋梨及西洋梨煮汁一起放入電動攪拌機中，攪拌打碎，再加入檸檬汁調整風味。可另添加水分以調整濃度。
2 將步驟1的材料倒入冰淇淋機中，製成雪酪即完成。

水梨雪酪

材料（容易製作的分量）
水梨 300g
寒天基底（參照p.30＊） 50g
檸檬汁 5g

1 水梨去皮、去芯，切成一口大小，和寒天基底、檸檬汁混合。
2 將步驟1的材料倒入Pacoje食物調理機的容器中（填滿），放入冷凍庫，使其變硬（完整鎖住新鮮和美味）。
3 上桌前再以Pacojet食物調理機製成雪酪即可。
⌘ 若沒有Pacojet食物調理機，可將所有材料放入真空袋中後真空處理，再以旋風烤箱（蒸氣模式）100℃加熱6至7分鐘，直到梨子均勻受熱為止。接著連同果汁一起以電動攪拌器打碎、完全放涼後，以冰淇淋機製成雪酪即可。

黃桃＆白桃雪酪

材料
桃子（黃桃或白桃，熟透） 適量
糖漿（以1：1比例混合水和細砂糖，加熱後放涼備用） 適量
檸檬汁 適量

1 桃子去皮、去果核，以電動攪拌器打碎。加入適量的糖漿、檸檬汁、水，調整濃度和味道。
2 將步驟1的材料倒入冰淇淋機中，製成雪酪即完成。

栗子冰淇淋

材料（容易製作的分量）
牛奶 250g
栗子泥（市售品） 125g
蛋黃 2個
細砂糖 30g

1 牛奶倒入鍋中，加熱至即將沸騰的狀態。
2 將蛋黃和細砂糖倒入調理盆中，以打蛋器充分攪拌至顏色變白。
3 將步驟1的牛奶一點一點地加入步驟2的調理盆中拌勻，再倒回鍋子中，煮至呈黏稠狀後熄火，冷卻至不燙手的程度。
4 將步驟3的材料過濾後倒入調理盆中，加入栗子泥拌勻。將盆底浸入冰水冷卻，倒入冰淇淋機中，製成冰淇淋即完成。

栗子雪酪

材料（容易製作的分量）
栗子泥（市售品） 150g
糖漿（以1：1比例混合水和細砂糖，加熱後放涼備用） 30g
蘭姆酒 2g
水 240g

1 充分混合栗子泥和糖漿，加入蘭姆酒。
2 在步驟1的材料中加入水以調整濃度，再倒入冰淇淋機中，製成雪酪即完成。

法式草莓冰沙

材料（容易製作的分量）
草莓　約10顆
糖漿（以1：1比例混合水和細砂糖，加熱後放涼
備用）　40g
白酒　20g
檸檬汁　12g

1　草莓去蒂頭，以叉子搗碎。
2　在步驟1的材料中加入糖漿、白酒、檸檬
　　汁，混合均勻後倒入不鏽鋼烤盤中，放入冷
　　凍庫，使其完全凝固。
3　待步驟2的材料完全結凍後，以叉子背面按
　　壓搗碎，再裝入容器中即可。

⌘　法式冰沙如果只作少許，在冷凍庫中完全結凍後
　　可以叉子背面按壓搗碎。若製作量較大，在放入
　　冷凍庫2至3個小時、開始結冰時，取出充分攪
　　拌，再放回冷凍庫，之後每隔30分鐘就取出攪拌
　　再放回，重覆幾次後便較容易使用。

法式哈蜜瓜冰沙

材料
哈蜜瓜精萃果汁（參照p.163）　適量
糖漿（以1：1比例混合水和細砂糖，加熱後放涼
備用）　適量
檸檬汁　適量
白酒　適量

1　將糖漿、檸檬汁加入哈蜜瓜精萃果汁中調整
　　風味。
2　在步驟1的果汁中加入白酒拌勻，倒入不鏽
　　鋼烤盤中，放入冷凍庫冷卻至凝固（參照左
　　記⌘）。
3　待步驟2的材料完全結凍後，以叉子背面按
　　壓搗碎，再裝入容器中即可。

法式鳳梨冰沙

材料（容易製作的分量）
鳳梨汁（果汁100％）　500g
糖漿（以1：1比例混合水和細砂糖，加熱後放涼
備用）　100g
白酒　60g

1　混合所有材料。
2　將步驟1的材料倒入不鏽鋼烤盤中，放入冷
　　凍庫冷卻至凝固（參照左記⌘）。
3　待步驟2的材料完全結凍後，以叉子背面按
　　壓搗碎（a），再裝入容器中即可。

平底鍋甜點

| French Toast 法式吐司 | 將麵包浸泡在混合牛奶、雞蛋、砂糖的液體後,簡單地以奶油煎烤就成了法式吐司。浸泡時間可隨個人喜好而定,時間短,口感偏向「麵包」;時間長,口感則偏向「甜點」。這裡試著搭配各式不同口味的醬汁和水果,以較像甜點的方式呈現。 |

桃子法式吐司

櫻桃醬法式吐司

香料鬆糕法式吐司佐黃桃

帕馬森乳酪法式吐司佐杏桃

桃子法式吐司

材料（2人分）
厚片吐司　1片
布丁餡（參照下記＊）　適量
白桃（切小丁）　適量
細砂糖　適量
檸檬汁　適量
鮮奶油（打至七分發）　適量
開心果（切碎）　適量
無鹽奶油　少許

1　厚片吐司切去麵包邊後對半切開，浸泡在布丁餡中（a）。
2　將白桃和細砂糖放入小鍋中，以小火加熱，再以檸檬汁調整風味。
3　平底鍋加熱後放入奶油，使其融化（b），再放入步驟1的厚片吐司，煎至兩面略為焦黃（c，d）。
4　將步驟2的桃子鋪在容器中，放上步驟3的吐司。如果有香草莢（分量外），也可切成細長狀點綴。最後放上鮮奶油和開心果即完成。

＊布丁餡

材料（容易製作的分量）
全蛋　110g
上白糖　60g
牛奶　125g
鮮奶油　125g

1　將全蛋放入調理盆中，以打蛋器打散，加入上白糖，充分攪拌直到上白糖完全融化。
2　在步驟1的調理盆中加入牛奶和鮮奶油，以打蛋器拌勻後，倒入細網過篩即可。

櫻桃醬法式吐司

材料（2人分）
厚片吐司（或布里歐麵包，切厚片）　1片
布丁餡（參照左記＊）　適量
美國櫻桃（去果核）　適量
細砂糖　適量
檸檬汁　適量
開心果（切碎）　少許
無鹽奶油　適量

1　麵包對半切開（若使用吐司則切去麵包邊），浸泡在布丁餡中。
2　櫻桃切成4等分，放入小鍋中加入細砂糖，加熱至櫻桃果肉變軟後，加入檸檬汁。
3　平底鍋加熱後放入奶油，使其融化，再放入步驟1的麵包，煎至兩面略為焦黃。
4　將步驟3的麵包盛入容器中，淋上步驟2的櫻桃醬，再灑上開心果即完成。

香料鬆糕法式吐司佐黃桃

材料（1人分）
香料鬆糕（參照下記⌘）　1片
布丁餡（參照p.70＊）　適量
糖煮黃桃（市售品，切1/8月牙形）　1片
英式香草醬慕絲（參照p.178）　適量
核桃（切碎）　適量
無鹽奶油　適量
細砂糖　適量

⌘ 香料鬆糕（pain d'épices）是一種香料麵
　 包，源自於法國勃艮地的第戎，是當地有名
　 的特產，特色是使用蜂蜜、香料和黑麥製
　 作。

1　將香料鬆糕浸泡在布丁餡中，讓麵包完全濕
　　潤。

2　在平底鍋中放入奶油，加熱至奶油不斷冒出
　　氣泡後，灑入細砂糖。鍋中開始呈焦糖狀
　　後，放入糖煮黃桃，煎至兩面均勻沾覆焦
　　糖。

3　取另一個平底鍋加熱，放入奶油融化，再放
　　入步驟1的麵包，兩面煎透。

4　將步驟3的麵包和步驟2的黃桃盛入容器中，
　　擠上英式香草醬慕絲，再灑上核桃即完成。

帕馬森乳酪法式吐司佐杏桃

材料
維也納麵包　1根
布丁餡（參照p.70＊）　適量
帕馬森乳酪（粉狀）　適量
糖煮杏桃（參照p.50）　適量
無鹽奶油　少許

1　維也納麵包從厚度1/3處切片，將上下2片的
　　切面浸泡布丁餡。

2　平底鍋加熱後放入奶油，使其融化，再將步
　　驟1麵包的上半部，切面朝下入鍋。

3　下半部麵包的切面灑上帕馬森乳酪，同樣切
　　面朝下入鍋，煎至焦黃色。

4　將步驟2及3的麵包盛入容器中，再放上稍搗
　　碎的糖煮杏桃即完成。

Crêpe
可麗餅

混合麵粉、牛奶、雞蛋及砂糖的麵糊，煎成薄片就成了可麗餅皮。薄透柔軟的餅皮，可折、可捲、可重疊，變化自如。可麗餅皮本身很簡單，因此更能藉由搭配其他配料延伸出各式繽紛的樣貌。

檸檬香橙可麗餅

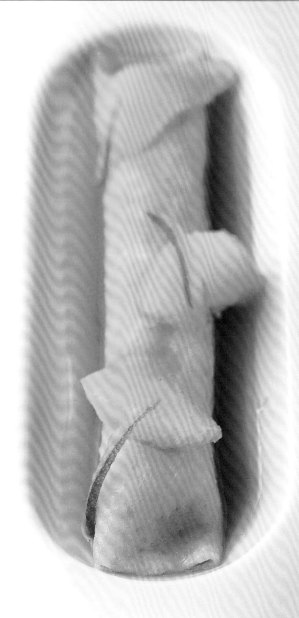

堅果焦糖可麗餅

芒果可麗餅

檸檬香橙可麗餅

材料（1人分）
原味可麗餅（參照右記＊） 1片
卡士達醬（參照p.214） 適量
檸檬醬（容易製作的分量）
- 全蛋 120g
- 細砂糖 40g
- 海藻糖 40g
- 檸檬汁 100g
- 寒天基底（參照p.30＊） 100g
- 無鹽奶油 20g
- 檸檬皮（磨碎） 1½個分

調味醬汁（容易製作的分量）
- 細砂糖 150g
- 柳橙汁 400g
- 檸檬汁 15g
- 寒天基底（參照p.30＊） 40g
- 無鹽奶油 50g
- 君度橙酒 20g

柳橙果肉（不帶皮，切成月牙形） 適量
糖漬橙皮（市售品，切絲） 適量

⌘ 檸檬醬也可以檸檬凝乳（lemon curd，參照 p.115）取代。

1 製作檸檬醬：將全蛋、細砂糖和海藻糖倒入調理盆中混合，以打蛋器前端輕輕磨擦盆底，大幅度畫圓充分攪拌。加入檸檬汁後過濾。將剩下的材料全部倒入鍋中，隔水加熱一邊攪拌，直到鍋中呈黏稠狀。持續加熱約20分鐘後移開熱水，直接在火上加熱並持續攪拌，煮沸1至2分鐘（殺菌）。接著讓鍋底接觸冰水冷卻，持續攪拌至不燙手的程度。倒入烤盤中，將保鮮膜緊密覆蓋在表面上，放入冰箱冷卻。

2 製作調味醬汁：以平底鍋將細砂糖加熱至焦黃色後，加入柳橙汁和檸檬汁。稍沸騰時，加入寒天基底，持續加熱至鍋中呈黏稠狀後，加入奶油和君度橙酒。

3 混合相同分量的卡士達醬和步驟1的檸檬醬，擠在原味可麗餅皮上，再將餅皮如雪茄般捲起，閉合處以分量外的蛋液封口。

4 將步驟3的餅皮放入烤盤中，淋上步驟2的調味醬汁，再放上柳橙果肉。以錫箔紙覆蓋，放入160℃的烤箱，加熱直到中心熱透。加熱期間不時以畫圈方式將糖漿淋在可麗餅上。

5 將步驟4的可麗餅盛入容器中，以畫圈方式淋上糖漿，再灑上一併溫熱過的柳橙果肉和糖漬橙皮即完成。

＊原味可麗餅

材料（約10片的分量）
全蛋 120g
細砂糖 40g
低筋麵粉 70g
牛奶 135g
融化的奶油 25g

將全蛋放入調理盆中打散，加入細砂糖後以打蛋器前端輕輕磨擦盆底，大幅度畫圓充分攪拌。輕輕倒入預先過篩的麵粉，再加入牛奶和融化的奶油拌勻。加熱平底鍋，薄塗一層沙拉油（分量外），倒入少許的麵糊煎成薄片，待底面稍微上色後即可翻面，兩面都煎至上色即可取出（a至e）。

堅果焦糖可麗餅

材料（1人分）
原味可麗餅（參照p.74＊）　1片
無鹽奶油　適量
細砂糖　適量
松子（烘烤過）　適量
核桃（烘烤過）　適量
葡萄乾　適量

1　在容器中放上原味可麗餅。
2　將奶油放入平底鍋加熱，灑入細砂糖，加熱至呈焦糖狀。
3　在步驟2的鍋中加入松子、核桃、葡萄乾，趁熱倒在步驟1的可麗餅上即可。

芒果可麗餅

材料（1人分）
原味可麗餅（參照p.74＊）　1片
卡士達醬（參照p.214）　適量
調味醬汁（容易製作的分量）
├ 細砂糖　150g
├ 芒果汁（市售品）　400g
├ 檸檬汁　10g
├ 寒天基底（參照p.30＊）　40g
├ 無鹽奶油　50g
└ 蘭姆酒　適量
芒果（果肉切丁）　適量
百香果（種籽部分）　適量

1　製作調味醬汁：以平底鍋將細砂糖加熱至焦黃色後，加入芒果汁和檸檬汁。稍沸騰時，加入寒天基底，持續加熱至鍋中呈黏稠狀後，加入奶油和蘭姆酒。
2　將卡士達醬擠在原味可麗餅皮上，再將餅皮如雪茄般捲起，閉合處以分量外的蛋液封口。
3　將步驟2的餅皮放入烤盤中，淋上步驟1的調味醬汁。以錫箔紙覆蓋，放入160℃的烤箱，加熱直到中心熱透。加熱期間不時地將糖漿淋在可麗餅上。
4　將步驟3的可麗餅盛入容器中，在周圍淋上糖漿，最後灑上芒果果肉和百香果即可。

⌘　無論是p.74的檸檬香橙可麗餅或上記的芒果可麗餅，所使用的檸檬醬和調味醬汁，一般為了煮出黏稠感都會添加大量的奶油，以增加厚度及濃度，本食譜則使用寒天基底達到同樣的效果。成品不但口感更清爽，兼顧健康，也能降低成本。

檸檬奶油可麗餅

栗子粉可麗餅佐鹽味冰淇淋

栗子粉可麗餅佐焦糖蘋果

栗子可麗餅

檸檬奶油可麗餅

材料（1人分）
原味可麗餅（參照p.74＊）　1片
香草莢（已使用過一次，並充分洗淨乾燥）　1根
無鹽奶油、細砂糖、檸檬汁　各適量
白葡萄柚果肉（不帶皮，切成月牙形）　適量
紅葡萄柚果肉（不帶皮，切成月牙形）　適量
柳橙果肉（不帶皮，切成月牙形）　適量
糖漬橙皮（市售品，切碎）　適量

1　將原味可麗餅皮對折後盛入容器中。
2　將奶油放入平底鍋加熱，加入香草莢、細砂糖、檸檬汁調味。加入切成適當大小的2種葡萄柚果肉、柳橙果肉和糖漬橙皮後稍加溫熱，倒入步驟1的容器中即完成。

栗子粉可麗餅佐鹽味冰淇淋

材料（1人分）
栗子粉可麗餅（參照p.82）　1片
英式香草醬（參照p.215）　適量
焦糖杏仁（和p.175的焦糖榛果作法相同，但改以杏仁製作）　適量
糖煮栗子（參照p.18＊）　適量
鹽味冰淇淋（參照右記＊）　適量
栗子蜂蜜　適量

1　稍加溫熱英式香草醬後倒入容器中鋪平，上面擺放對折好的栗子粉可麗餅。
2　以栗子蜂蜜混合敲碎的焦糖杏仁和糖煮栗子，放在步驟1的可麗餅上，再加上1球橄欖形鹽味冰淇淋即完成。

＊鹽味冰淇淋

材料（容易製作的分量）
牛奶　500g
鮮奶油　125g
轉化糖　60g
鹽（Guérande）　2g

1　溫熱牛奶，加入轉化糖和鹽，使其融化。
2　將步驟1的材料倒入調理盆中，將盆底浸入冰水冷卻。
3　將步驟2的材料和鮮奶油混合，倒入冰淇淋機中，製成冰淇淋即可。

栗子粉可麗餅佐焦糖蘋果

材料（1人分）
栗子粉可麗餅（參照p.82）　1片
濃郁栗子發泡鮮奶油（參照p.82）　適量
蘋果（帶皮，切成月牙形）　3片
無鹽奶油　適量
細砂糖　適量
鮮奶油　適量
蘋果白蘭地　適量
核桃（烘烤過）　適量

1　將栗子發泡鮮奶油擠入栗子粉可麗餅中，然後折起四邊。
2　將奶油放入平底鍋，加熱至冒出氣泡後灑入細砂糖，加熱至呈焦糖狀。放入蘋果片，2面煎過，取出備用。
3　在步驟2鍋中剩餘的焦糖中，加入少許鮮奶油和蘋果白蘭地，作成醬汁。
4　將步驟1的可麗餅盛入容器中，加上步驟2的蘋果片。淋上步驟3的醬汁，再灑上切碎的核桃即完成。

栗子可麗餅

材料（1盤的分量）
栗子粉可麗餅（參照p.82） 3片
栗子蜂蜜 適量
日本栗子雪酪（參照p.66） 適量
生栗子（去皮，以切片器削成薄片） 適量
栗子沙巴雍醬
├ 蛋黃 1個
├ 白酒 50g
└ 栗子蜂蜜 30g

1 將栗子沙巴雍醬的所有材料放入調理盆中混
合，以較高的溫度隔水加熱，持續以打蛋器
攪拌，打發至呈慕絲狀為止。
2 在整面栗子粉可麗餅上薄塗栗子蜂蜜，捲成
雪茄狀後盛入容器中。淋上步驟1的沙巴雍
醬，以明火烤箱（salamander）烤至可麗餅
上色。
3 將日本栗子雪酪和生栗子薄片放在步驟2的
可麗餅上即完成。

烤栗子可麗餅 photo p.81

材料（1人分）
栗子粉可麗餅（參照p.82） 1片
濃郁栗子發泡鮮奶油（參照p.82） 適量
栗子澀皮煮（參照p.194＊） 2個
日式焙茶冰淇淋（參照下記＊） 適量
日式焙茶粉（焙茶茶葉磨成粉） 適量
紅糖（cassonade sugar，參見⌘） 適量

⌘ 紅糖：帶有蜂蜜或香草香氣、未經完全精煉
的蔗糖。在日本也被稱為「紅砂糖」。

1 將栗子口味發泡鮮奶油擠在栗子粉可麗餅
上，灑上切碎的栗子澀皮煮，把4個邊包起
來。表面灑上紅糖，再以料理噴槍上色。
2 將步驟1的可麗餅盛入容器中，在邊角灑上
焙茶粉，上面放1球橄欖形日式焙茶冰淇淋即
完成。

＊日式焙茶冰淇淋

材料（容易製作的分量）
牛奶 500g
日式焙茶（茶葉） 12g
蛋黃 5個
細砂糖 100g

1 將牛奶倒入鍋中，加熱至即將沸騰的狀態，
加入日式焙茶茶葉，加蓋熄火燜約15分鐘後
過濾備用。
2 將蛋黃和細砂糖放入調理盆中混合，以打蛋
器前端輕輕磨擦盆底，大幅度畫圓充分攪
拌，再倒入步驟1的奶茶，同時拌勻。
3 將步驟2的材料倒入鍋中，比照英式香草醬
的加熱方式（參照p.215），再冷卻備用。待
完全冷卻後倒入冰淇淋機中，製成冰淇淋即
可。

栗子粉可麗餅千層派

烤栗子可麗餅 recipe p.79

巧克力可麗餅

栗子粉可麗餅千層派

材料（1人分）
栗子粉可麗餅（容易製作的分量）
- 全蛋　180g
- 細砂糖　30g
- 栗子粉（市售品）　75g
- 低筋麵粉　50g
- 牛奶　350g
- 焦化奶油（參照下記＊）　40g
- 沙拉油　20g
- 核桃油　10g
- 白蘭地　15g

清爽栗子發泡鮮奶油（容易製作的分量）
- 鮮奶油　150g
- 栗子泥（市售品）　50g
- 蘭姆酒　適量

濃郁栗子發泡鮮奶油（容易製作的分量）
- 鮮奶油　150g
- 栗子泥（市售品）　200g
- 蘭姆酒　適量

栗子蜂蜜　適量
栗子澀皮煮（參照p.194＊）　1個

＊焦化奶油：無鹽奶油放入鍋中加熱，同時以
　打蛋器攪拌，使奶油慢慢呈現焦化的狀態。
　待奶油散發香氣、顏色變成焦黃色後，即可
　熄火離開火源，將鍋底浸泡於裝有冰水的烤
　盤中，冷卻至不燙手的程度。

1 製作栗子粉可麗餅：將全蛋放入調理盆中打
　散，加入細砂糖後以打蛋器前端輕輕磨擦盆
　底，大幅度畫圓充分攪拌。再加入預先混
　合、過篩的栗子粉和低筋麵粉，輕輕拌勻，
　再倒入牛奶混合。加入焦化奶油、沙拉油、
　核桃油、白蘭地，持續攪拌至麵糊質地滑順
　為止。加熱平底鍋，薄塗一層沙拉油（分
　量外），倒入少許的麵糊煎成薄片（參照
　p.74）。以同樣的方式煎10片備用。

2 製作栗子發泡鮮奶油：濃郁及輕爽鮮奶油分
　別打至七分發（拉起打蛋器後鮮奶油會緩
　慢地滴落盆中，並能在盆中劃出線條的狀
　態），再和栗子泥、蘭姆酒混合。

3 在1片可麗餅上薄塗步驟2的濃郁鮮奶油，再
　疊上1片可麗餅。如此重疊6層後，以相同的
　方式重疊清爽鮮奶油3層，接著放入冰箱冷卻
　至凝固。

4 將步驟3的千層派切成薄片，調整形狀，盛
　入容器中淋上栗子蜂蜜，再以剝開的栗子澀
　皮煮點綴即完成。

巧克力可麗餅

材料（1人分）
可可口味可麗餅（容易製作的分量）
- 牛奶　130g
- 全蛋　120g
- 細砂糖　40g
- 低筋麵粉　55g
- 可可粉　15g
- 融化的奶油　25g

巧克力慕絲（參照p.15步驟1至4）　20g
糖漬橙皮（市售品，切碎）　20g
香蕉果醬（參照p.54）　適量
香草冰淇淋（參照p.42＊）　適量
巧克力醬（市售品，或參照p.90＊）　適量

1 製作可可口味可麗餅：將全蛋放入調理盆中
　打散，加入細砂糖後以打蛋器前端輕輕磨擦
　盆底，大幅度畫圓充分攪拌。再加入預先混
　合、過篩的低筋麵粉和可可粉，輕輕拌勻，
　再倒入牛奶混合。加入融化的奶油，同時攪
　拌至順滑。加熱平底鍋，薄塗一層沙拉油
　（分量外），倒入少許的麵糊煎成薄片（參
　照p.74）。

2 將巧克力慕絲和糖漬橙皮混合，塗在步驟1
　的可麗餅上，折成扇形。

3 在容器中鋪上香蕉果醬，放上步驟2的可麗
　餅，加上以湯匙挖取的橄欖形香草冰淇淋，
　最後淋上巧克力醬即完成。

烤箱甜點

烤箱甜點　　　　　　櫻桃克拉芙緹

Clafoutis
克拉芙緹

最初是來自法國的利穆贊（Limousin）地區、使用櫻桃所製作的一道甜點，但改用其他水果也一樣美味。只要在容器中擺放水果，再倒入克拉芙緹餡，即可直接烘烤。比起塔派類點心省去了鋪上派皮的時間，非常簡單。

香蕉橙皮克拉芙緹

杏桃克拉芙緹

香蕉香橙克拉芙緹

櫻桃克拉芙緹

材料（1盅的分量）
美國櫻桃（去果核）　5至10粒
克拉芙緹餡（參照下記＊）　100g

1　取焗烤杯或布丁盅，薄塗一層奶油（分量外）。
2　在步驟1的容器中塞滿櫻桃，慢慢倒入克拉芙緹餡。
3　放入已預熱的烤箱中，以180℃烘烤約15分鐘，直到表面上色就完成了。

＊克拉芙緹餡

材料（容易製作的分量）
全蛋　120g
細砂糖　120g
低筋麵粉　30g
牛奶　240g
鮮奶油　240g

1　將全蛋放入調理盆中，以打蛋器打散，加入細砂糖，充分攪拌直到細砂糖完全融化。加入低筋麵粉，輕輕拌勻。
2　在鍋中放入牛奶和鮮奶油，加熱到快要沸騰的狀態，倒入步驟1的材料中，快速拌勻，過濾備用。

杏桃克拉芙緹

材料
杏桃（apricot）　適量
克拉芙緹餡（參照左記＊）　適量
杏仁片（烘烤過）　適量

1　取焗烤杯或布丁盅，薄塗一層奶油（分量外）。
2　杏桃洗淨、去蒂，切成6等分的月牙形，排列在步驟1的容器中，再慢慢倒入克拉芙緹餡。
3　放入已預熱的烤箱中，以180℃烘烤30分鐘，直到表面上色為止。最後灑上杏仁片點綴即完成。

香蕉橙皮克拉芙緹

材料
香蕉（切小丁） 適量
糖漬橙皮（市售品，切碎） 適量
杏仁（整顆搗碎） 適量
克拉芙緹餡（參照p.86＊） 適量

1 取焗烤杯或布丁盅，薄塗一層奶油（分量外）。
2 輕輕混合香蕉、橙皮、杏仁。
3 將步驟2的材料鋪入步驟1的容器中，慢慢倒入克拉芙緹餡，放入已預熱的烤箱中，以180℃烘烤25至30分鐘，直到表面上色就完成了。

香蕉香橙克拉芙緹

材料
香蕉（切小丁） 適量
柳橙果肉（切小丁） 適量
克拉芙緹餡（參照p.86＊） 適量
可可粉 少許

1 取焗烤杯或布丁盅，薄塗一層奶油（分量外）。
2 在步驟1的容器中鋪入香蕉及柳橙果肉，慢慢倒入克拉芙緹餡。
3 放入已預熱的烤箱中，以180℃烘烤25至30分鐘，直到表面上色。冷卻至不燙手的程度，灑上少許可可粉即完成。

Soufflé
舒芙蕾

在發泡的蛋白霜中混合其他配料，填滿模型後以
烤箱烘烤而成。剛出爐時非常膨鬆，但經過一段
時間就會塌掉。此外，如果混合的配料是蔬菜，
膨鬆度會略低，但不影響美味。

栗子舒芙蕾

栗子舒芙蕾

南瓜舒芙蕾

地瓜舒芙蕾

89

栗子舒芙蕾

材料（3至4個分）
洋栗果泥（市售品） 40g
卡士達醬（參照p.214） 40g
泡芙麵糊（參照p.211步驟1至3，烘烤之前的半成品） 30g
蛋黃 1個
蛋白 2個分
細砂糖 20g
無鹽奶油 適量
糖粉 適量
巧克力醬（市售品，或參照右記＊） 適量

1 在舒芙蕾模型中塗上一層略厚的奶油（a，塗抹側面時，從底部往上為佳，以下相同），沾裹細砂糖（分量外）後備用（b）。
2 將泡芙麵糊放入調理盆中，加入蛋黃拌勻（c）。
3 充分混合卡士達醬和栗子泥（d），加入步驟2中拌勻。
4 取另一個調理盆放入蛋白，分數次加入細砂糖，一邊持續打發至蛋白泡沫硬挺、拉起打蛋器後呈尖角狀（e至g）。
5 在步驟3的材料中加入少許步驟4的蛋白霜拌勻，再將剩下的蛋白霜分成2至3次加入，同時以從盆底向上翻動的方式，混合拌勻（h，i）。
6 將步驟5的麵糊倒入步驟1的模型中（j），放入已預熱的烤箱中，以200℃隔水烘烤8至10分鐘（k，l）。
7 出爐後灑上糖粉，再佐以溫熱的巧克力醬，便可享用。

＊巧克力醬

材料（容易製作的分量）
巧克力（依使用目的選擇個人喜好的即可） 150g
鮮奶油 75g
牛奶 75g

1 將巧克力放入調理盆中，隔水加熱、融化。
2 混合鮮奶油和牛奶後稍加溫熱，倒入步驟1的材料中，充分拌勻即完成。

南瓜舒芙蕾

材料（3至4個分）
南瓜泥（南瓜去皮後蒸熟，以食物調理機攪打成泥，或以市售品替代）　40g
卡士達醬（參照p.214）　40g
馬斯卡彭乳酪　15g
泡芙麵糊（參照p.211步驟1至3，烘烤之前的半成品）　30g
蛋黃　1個
蛋白　2個分
細砂糖　20g
南瓜（去皮後蒸熟、切丁）　適量
無鹽奶油　適量
糖粉　適量

1　在舒芙蕾模型中塗上一層略厚的奶油，沾裹細砂糖（分量外）後備用。
2　將泡芙麵糊放入調理盆中，加入蛋黃後拌勻。
3　充分混合南瓜泥、卡士達醬和馬斯卡彭乳酪，加入步驟2的調理盆中拌勻。
4　取另一個調理盆放入蛋白，分成數次加入細砂糖的同時，持續打發至蛋白泡沫硬挺、拉起打蛋器後呈尖角狀的狀態。
5　在步驟3材料中加入少許步驟4的蛋白霜後拌勻，再將剩下的蛋白霜分成2至3次加入，同時以從盆底向上翻動的方式，混合拌勻。。
6　在步驟1的模型中放入南瓜丁，倒入步驟5的麵糊，放入已預熱的烤箱中，以200℃烘烤8至10分鐘。
7　出爐後灑上糖粉點綴即完成。

地瓜舒芙蕾

材料（3至4個分）
地瓜泥（地瓜去皮後蒸熟，以食物調理機攪打成泥。或以市售品替代）　55g
卡士達醬（參照p.214）　40g
泡芙麵糊（參照p.211步驟1至3，烘烤之前的半成品）　30g
蛋黃　1個
蛋白　2個分
細砂糖　20g
蘋果（去皮，微波加熱後切丁）　適量
葡萄乾　適量
無鹽奶油　適量
糖粉　適量

1　在舒芙蕾模型中塗上一層略厚的奶油，沾裹細砂糖（分量外）後備用。
2　將泡芙麵糊倒入調理盆中，加入蛋黃後拌勻。
3　充分混合卡士達醬和地瓜泥，加入步驟2的材料中拌勻。
4　取另一個調理盆放入蛋白，分成數次加入細砂糖，持續打發至蛋白泡沫硬挺、拉起打蛋器後呈尖角狀的狀態。
5　在步驟3的材料中加入少許步驟4的蛋白霜後拌勻，再將剩下的蛋白霜分成2至3次加入，同時以從盆底向上翻動的方式，混合拌勻。。
6　在步驟1的模型中放入蘋果丁及葡萄乾，倒入步驟5的麵糊，放入已預熱的烤箱中，以200℃的隔水烘烤8至10分鐘。
7　出爐後灑上糖粉點綴即完成。

蘋果奶酥派

Crumble
奶酥派

奶酥派是將麵粉、砂糖、奶油混合後作成鬆散的團
塊狀麵糰，經由烤箱烘烤而成的甜點。酥爽鬆脆的
口感，就像餅乾一樣美味。直接烘烤麵糰而成的奶
酥，也可以加在各式甜點中，當作配料使用。

香蕉奶酥派

杏桃奶酥派

蘋果奶酥派

材料（容易製作的分量）
蘋果（紅玉）　2個
細砂糖　30g
無鹽奶油　15g
葡萄乾　20g
檸檬汁　少許
肉桂粉、肉豆蔻粉　各適量
奶酥麵糰（參照p.213步驟1至2，烘烤前的半成品）　120g

1　蘋果去皮、去芯，切大塊。
2　在平底鍋中放入奶油後加熱，倒入細砂糖煮成焦糖狀，放入步驟1的蘋果均勻上色。加入少許檸檬汁、葡萄乾、肉桂粉和肉豆蔻粉。
3　將步驟2的材料倒進奶酥派的容器中，冷卻至不燙手的程度後，將奶酥麵糰捏成大塊的散塊狀，灑滿表面。
4　放入已預熱的烤箱中，以170℃烘烤約35至45分鐘，直到表面完全呈焦黃色即完成。

杏桃奶酥派

材料（容易製作的分量）
杏桃（apricot）　300g
細砂糖　20g
無鹽奶油　10g
奶酥麵糰（參照p.213步驟1至2，混合切碎的糖漬橙皮5g、烘烤前的半成品）　120g

1　杏桃洗淨，去除蒂頭，切成4等分的月牙形。
2　在平底鍋中放入奶油後加熱，倒入細砂糖煮成焦糖狀，放入步驟1的杏桃均勻上色。。
3　將步驟2倒進奶酥派的容器中，冷卻至不燙手的程度後將奶酥麵糰捏成大塊的散塊狀，灑滿表面。
4　放入已預熱的烤箱中，以170℃烘烤約35至45分鐘，直到表面完全呈焦黃色即完成。

香蕉奶酥派

材料（容易製作的分量）
香蕉（大）　2根
細砂糖　20g
無鹽奶油　10g
檸檬汁　少許
奶酥麵糰（參照p.213步驟1至2，烘烤前的半成品）　120g

1　在平底鍋中放入奶油後加熱，倒入細砂糖煮成焦糖狀，放入剝皮後切大塊的香蕉均勻上色。滴入少許檸檬汁。
2　將步驟1的材料倒進奶酥派的容器中，冷卻至不燙手的程度後，將奶酥麵糰捏成大塊的散塊狀，灑滿表面。
3　放入已預熱的烤箱中，以170℃烘烤約35至45分鐘，直到表面完全呈焦黃色即完成。

地瓜柿乾鬆餅

地瓜鬆餅

綜合豆子鬆餅

南瓜葡萄乾鬆餅

蘋果巧克力鬆餅

地瓜柿乾鬆餅

這是一道口感較為扎實，可以當作正餐的蔬菜鬆餅（以下相同）。

材料（4cm×5cm×11.5cm四角模型1個分）
鬆餅麵糊（容易製作的分量）
- 低筋麵粉　160g
- 泡打粉　8g
- 全蛋　2個
- 細砂糖　60g
- 牛奶　100g
- 融化的奶油　40g

柿子乾　1個
地瓜（蒸熟後去皮，切小丁）　20g
簡易蜜柑果醬
- 蜜柑（果肉）、細砂糖　各適量

1　製作鬆餅麵糊：混合低筋麵粉和泡打粉，過篩備用。將全蛋和細砂糖放入調理盆中混合，以打蛋器前端輕輕磨擦盆底，大幅度畫圓充分攪拌。再加入過篩後的粉類、牛奶，全部混合均勻，注意不要過度攪拌。最後加入融化的奶油拌勻。
2　將100g的鬆餅麵糊和切碎的柿子乾、地瓜混合拌勻，倒入預先塗抹過奶油（分量外）的模型中，放入已預熱的烤箱中，以180℃烘烤約15分鐘。
3　製作蜜柑果醬：將蜜柑果肉和少許細砂糖倒入鍋中，煮至呈黏稠狀。
4　步驟2的鬆餅出爐後，冷卻至不燙手的程度，從模型中取出，切成適當大小，盛盤，放上果醬即完成。

地瓜鬆餅

材料（4cm×5cm×11.5cm四角模型1個分）
鬆餅麵糊（參照左記步驟1）　80g
地瓜（蒸熟後去皮，切滾刀）　適量
蜂蜜、糖粉　各適量

1　在鬆餅麵糊中拌入地瓜，倒入預先塗抹過奶油（分量外）的模型中，以預熱至180℃的烤箱烤約15分鐘。
2　步驟1的鬆餅出爐後，冷卻至不燙手的程度，從模型中取出，切成適當大小，盛盤，淋上蜂蜜和糖粉即完成。

綜合豆子鬆餅

材料（4cm×5cm×11.5cm四角模型1個分）
鬆餅麵糊（參照p.98步驟1） 100g
綜合豆類（冷凍豆子。罐頭也可） 20g
杏桃乾（半乾燥） 1個
白芝麻醬
├ 白芝麻糊 適量
└ 糖漿（以1：1比例混合水和細砂糖，加熱後放
　涼備用） 適量

1 鬆餅麵糊中拌入綜合豆類和切碎的杏桃乾，
　倒入預先塗抹過奶油（分量外）的模型中。
　放入已預熱的烤箱中，以180℃烘烤約15分
　鐘。
2 混合白芝麻糊和糖漿，作成芝麻醬。
3 步驟1的鬆餅出爐後，冷卻至不燙手的程
　度，從模型中取出，切成適當大小，盛盤，
　再佐以步驟2的醬汁即完成。

南瓜葡萄乾鬆餅

材料（4cm×5cm×11.5cm四角模型1個分）
鬆餅麵糊（參照p.98步驟1） 80g
南瓜泥（南瓜去皮煮熟後壓碎） 25g
南瓜（蒸熟後切丁） 適量
葡萄乾 適量
檸檬法式果醬（糖煮檸檬皮） 適量

1 充分混合鬆餅麵糊和南瓜泥，再加入切丁的
　南瓜和葡萄乾，輕輕拌勻，倒入預先塗抹過
　奶油（分量外）的模型中。放入已預熱的烤
　箱中，以180℃烘烤約15分鐘。
2 步驟1的鬆餅出爐後，冷卻至不燙手的程
　度，從模型中取出，切成適當大小，盛盤，
　放上以電動攪拌器打碎後的檸檬法式果醬即
　完成。

蘋果巧克力鬆餅

材料（4cm×5m×11.5cm四角模型1個分）
鬆餅麵糊（參照p.98步驟1） 80g
蘋果（切小丁） 50g
海綿蛋糕（可可口味，參照p.213，切小丁）
15g
核桃（烘烤過） 6g
英式香草醬（參照p.215） 適量
蘋果白蘭地 少許

1 在鬆餅麵糊中拌入蘋果、可可口味海綿蛋
　糕、切碎的核桃。倒入預先塗抹過奶油（分
　量外）的模型中。放入已預熱的烤箱中，以
　180℃烘烤15分鐘。
2 以小鍋加熱蘋果白蘭地至沸騰，加入英式香
　草醬，作成醬汁。
3 步驟1的鬆餅出爐後，冷卻至不燙手的程
　度，從模型中取出，切成適當大小，盛盤，
　再佐以步驟2的醬汁即完成。

Baba
巴巴蛋糕

在麵粉中加入雞蛋及奶油作成發酵麵糰，經過烘烤後再浸入酒類或糖漿而成的點心。搭配各式奶油醬、醬汁、水果或冰淇淋，很適合以盤子呈現，以玻璃杯盛裝也別有趣味。

熱帶水果巴巴蛋糕

香蕉椰奶巴巴蛋糕

巧克力慕絲巴巴蛋糕

香橙馬斯卡彭巴巴蛋糕

材料（2人分）
巴巴蛋糕（參照p.212，以直徑3cm的慕絲圈烤好
備用）　2個
糖漿（以1：1比例混合水和細砂糖，加熱後放涼
備用）　100g
柳橙汁（果汁100%）　100g
君度橙酒　適量
馬斯卡彭慕絲
- 馬斯卡彭乳酪　40g
- 鮮奶油　40g
- 細砂糖　5g
- 糖漬橙皮（市售品，切碎）　10g
- 白葡萄酒　5g
柳橙醬汁
- 柳橙果泥（市售品）　適量
- 糖漿　適量
- 檸檬汁　適量
- 玉米粉　適量
開心果（切碎）　適量

1　將糖漿、柳橙汁、君度橙酒混合，浸泡巴巴
　　蛋糕。
2　製作馬斯卡彭慕絲：在鮮奶油中加入細砂
　　糖，打至七分發（拉起打蛋器後鮮奶油會緩
　　慢地滴落盆中，並能在盆中劃出線條的狀
　　態），和馬斯卡彭乳酪拌勻，再加入預先混
　　合的糖漬橙皮和白葡萄酒。在容器中倒入淺
　　淺一層，放入冰箱冷卻。
3　製作柳橙醬汁：將柳橙果泥和糖漿放入鍋中
　　混合後加熱，加入檸檬汁調整風味。加入以
　　水溶解的玉米粉製造黏稠感後熄火，移開火
　　源，放涼至完全冷卻。
4　在步驟2已冷卻的慕絲上，放上步驟1的巴巴
　　蛋糕，再淋上步驟3的醬汁，最後灑上開心
　　果即完成。

香蕉椰奶巴巴蛋糕

材料（4人分）
巴巴蛋糕（參照p.212，以直徑3cm的慕絲圈烤好
備用）　2個
糖漿（以1：1比例混合水和細砂糖，加熱後放涼
備用）　100g
水　100g
黑蘭姆酒　適量
椰奶慕絲（容易製作的分量）
- 椰奶　180g
- 細砂糖　25g
- 鮮奶油　25g
- 慕絲用凝固劑（Espuma COLD，a）　12g
香蕉果醬（參照p.54）　適量
蘭姆葡萄乾冰淇淋（參照下記＊）　適量
核桃（烘烤過）　適量

＊蘭姆葡萄乾冰淇淋：在香草冰淇淋（參照
　p.42＊）中拌入蘭姆葡萄乾（葡萄乾浸漬於
　蘭姆酒中）即可。

1　將糖漿、材料中的水、黑蘭姆酒混合，浸泡
　　巴巴蛋糕。
2　將椰奶慕絲的材料充分混合，倒入虹吸氣壓
　　瓶中（b），灌好瓦斯備用。
3　將步驟1的巴巴蛋糕縱向對半切開，盛入容
　　器中，從側邊擠入充分搖勻的步驟2椰奶慕
　　絲，再加上香蕉果醬和蘭姆葡萄乾冰淇淋，
　　最後灑上切碎的核桃即完成。

熱帶水果巴巴蛋糕

材料（4人分）
巴巴蛋糕（參照p.212，以直徑3cm的慕絲圈烤好備用） 2個
糖漿（以1：1比例混合水和細砂糖，加熱後放涼備用） 100g
鳳梨汁（果汁100%） 100g
白蘭姆酒 適量
芒果慕絲
├ 英式香草醬（參照p.215） 100g
├ 鮮奶油 50g
└ 芒果泥（市售品） 50g
芒果（切小丁） 適量
百香果（種籽部分） 適量
鳳梨（切小丁） 適量
鮮乳酪冰淇淋 （參照p.143＊） 適量
薄荷葉 適量

1 將糖漿、鳳梨汁、白蘭姆酒混合，浸泡巴巴蛋糕。
2 將芒果慕絲的材料充分混合，倒入虹吸氣壓瓶中，灌好瓦斯備用。
3 輕輕將芒果、百香果、鳳梨和糖漿（分量外）混合均勻。
4 將步驟1的巴巴蛋糕縱向對半切開，盛入容器中，擠入充分搖勻後的步驟2芒果慕斯。放上步驟3的水果，再加上1球以湯匙挖取的橢圓形鮮乳酪冰淇淋，最後以薄荷葉點綴即完成。

巧克力慕絲巴巴蛋糕

材料（2人分）
巴巴蛋糕（參照p.212，以直徑3cm的慕絲圈烤好備用） 2個
糖漿（以1：1比例混合水和細砂糖，加熱後放涼備用） 100g
水 100g
干邑白蘭地 適量
栗子發泡鮮奶油（容易製作的分量）
├ 鮮奶油 150g
├ 栗子泥（市售品） 50g
└ 蘭姆酒 適量
巧克力慕絲（參照p.15步驟1至4） 適量
糖煮栗子（參照p.18＊） 1個
可可粉 適量

1 將糖漿、材料中的水、干邑白蘭地混合，浸泡巴巴蛋糕。
2 製作栗子發泡鮮奶油：鮮奶油打至七分發（拉起後鮮奶油會緩慢地滴落盆中，並能在盆中劃出線條的狀態），和栗子泥、蘭姆酒混合均勻。
3 將少許巧克力慕絲倒入容器中，放入步驟1的巴巴蛋糕，以茶匙挖取步驟2的鮮奶油，調整成橢圓形，放在巴巴蛋糕上方。
4 在巧克力慕絲上放上切碎的糖煮栗子，最後灑上少許可可粉即完成。

覆盆子巴巴蛋糕

百香果巴巴蛋糕

金巴利酒葡萄柚巴巴蛋糕

咖啡巧克力巴巴蛋糕

覆盆子巴巴蛋糕

材料（2人分）

巴巴蛋糕（參照p.212，以直徑3cm的慕絲圈烤好備用） 2個

覆盆子糖漿（容易製作的分量）
- 覆盆子果泥（市售品） 50g
- 糖漿（以1：1比例混合水和細砂糖，加熱後放涼備用） 100g
- 水 50g
- 檸檬汁 適量

洛神花茶凍（容易製作的分量）
- A
  - 水 500g
  - 細砂糖 40g
  - 蜂蜜 20g
  - 香草莢（縱向對半剖開） 1/2根
  - 肉桂棒 1/4根
  - 黑胡椒、丁香、小豆蔻 各適量
  - 洛神花茶葉 8g
- 吉利丁片 6g
- 檸檬汁 4g

荔枝慕絲（容易製作的分量）
- 牛奶 100g
- 鮮奶油 60g
- 細砂糖 25g
- 慕絲用凝固劑（Espuma COLD） 18g
- 荔枝香甜酒（DITA） 15g

覆盆子 適量

1 將覆盆子糖漿的材料混合，浸泡巴巴蛋糕。
2 製作洛神花茶凍：將吉利丁片放入冷水中泡軟。將A料放入鍋中混合、煮沸後熄火，蓋燜10分鐘後，過濾倒進調理盆中，加入擰去多餘水分的吉利丁片融化。加入檸檬汁，放進冰箱，使其冷卻至凝固。
3 將荔枝慕絲的材料充分混合，倒入虹吸氣壓瓶中，灌好瓦斯備用。
4 將步驟2的凝凍搗碎後裝，入玻璃杯中，嵌入步驟1吸飽糖漿的巴巴蛋糕，並倒入少許浸泡的糖漿。放上新鮮覆盆子，擠上充分搖勻的步驟3荔枝慕絲即完成。

百香果巴巴蛋糕

材料（2人分）

巴巴蛋糕（參照p.212，以直徑3cm的慕絲圈烤好備用） 2個

百香果糖漿（容易製作的分量）
- 百香果果泥（市售品） 125g
- 糖漿（以1：1比例混合水和細砂糖，加熱後放涼備用） 50g
- 水 50g
- 百香果（種籽部分） 適量

檸檬和萊姆果凍（容易製作的分量）
- 水 500g
- 細砂糖 100g
- 洋菜粉（凝固劑） 10g
- 檸檬皮、萊姆皮 各1/4顆分
- 檸檬汁、萊姆汁 各1/4顆分
- 檸檬酒（limoncello） 20g

椰奶慕絲（參照p.102） 適量

1 將百香果糖漿的材料混合，浸泡巴巴蛋糕。
2 製作檸檬和萊姆果凍：將材料中的水、檸檬皮及萊姆皮混合，煮沸後熄火，加蓋燜約10分鐘後，過濾後倒回鍋中，再次煮沸。然後一口氣倒入預先充分混合的細砂糖和洋菜粉，同時持續攪拌防止結塊，直到沸騰。熄火倒入調理盆中，將盆底浸入冰水冷卻至不燙手的程度後，加入檸檬汁、萊姆汁和檸檬酒，放入冰箱冷卻至凝固。
3 將步驟2的凝凍搗碎後裝入玻璃杯中，嵌入步驟1吸飽糖漿的巴巴蛋糕，並倒入少許浸泡的糖漿，擠上充分搖勻後的椰奶慕絲即完成。

咖啡巧克力巴巴蛋糕

材料（1人分）
巴巴蛋糕（參照p.212，以直徑3cm的慕絲圈烤好備用）　1個
咖啡糖漿（容易製作的分量）
├ 咖啡液　130g
├ 糖漿（以1：1比例混合水和細砂糖，加熱後放涼備用）　70g
└ 杏仁香甜酒（amaretto）　適量
咖啡凍（容易製作的分量）
├ 咖啡液　300g
├ 黑糖（粉末）　35g
└ 洋菜粉（凝固劑）　12g
牛奶巧克力慕絲（容易製作的分量）
├ 烘焙用牛奶巧克力　150g
├ 牛奶　250g
├ 鮮奶油　120g
└ 英式香草醬（參照p.215）　150g
可可粒（grué de cacao，可可豆磨碎、烘烤而成）　適量

1　將咖啡糖漿的材料混合，浸泡巴巴蛋糕。
2　製作咖啡凍：把咖啡液倒入鍋中，加熱直到沸騰之前的狀態，一口氣加入預先充分混合的黑糖和洋菜粉，攪拌約30秒直到再次沸騰。倒入調理盆中，將盆底浸入冰水冷卻後放入冰箱，使其凝固。
3　製作牛奶巧克力慕絲：將牛奶和鮮奶油放入鍋中混合後加熱，再加入已隔水加熱融化的巧克力，混合均勻。加入英式香草醬，待其冷卻後倒入虹吸氣壓瓶中，灌好瓦斯備用。
4　將步驟2的凝凍搗碎後裝入玻璃杯中，嵌入步驟1吸飽糖漿的巴巴蛋糕，並倒入少許浸泡的糖漿。擠上充分搖勻的步驟3慕絲，最後灑上可可粒即完成。

金巴利酒葡萄柚巴巴蛋糕

材料（1人分）
巴巴蛋糕（參照p.212，以直徑3cm的慕絲圈烤好備用）　1個
紅葡萄柚汁（果汁100%）　100g
糖漿（以1：1比例混合水和細砂糖，加熱後放涼備用）　100g
金巴利酒　適量
紅葡萄柚果凍（容易製作的分量）
├ 紅葡萄柚汁（果汁100%）　200g
├ 金巴利酒　10g
└ 洋菜粉（凝固劑）　5g
煉乳慕絲（容易製作的分量）
├ 煉乳（市售品）　400g
├ 牛奶　100g
└ 水飴　50g
紅葡萄柚果肉（不帶皮，切成月牙形）　適量
開心果（切碎）　適量

1　將紅葡萄柚果汁、糖漿、金巴利酒混合，浸泡巴巴蛋糕。
2　製作紅葡萄柚果凍：將紅葡萄柚果汁和金巴利酒倒入鍋中混合煮沸，一口氣加入洋菜粉，攪拌約30秒直到再次沸騰。倒入調理盆中，將盆底浸入冰水冷卻後放入冰箱，使其凝固。
3　製作煉乳慕絲：將牛奶和煉乳混合後加熱，再加入水飴。浸入冰水冷卻後倒入虹吸氣壓瓶中，灌好瓦斯備用。
4　將步驟2的凝凍搗碎後裝入玻璃中，嵌入步驟1吸飽糖漿的巴巴蛋糕，並倒入少許浸泡的糖漿。放入切碎的紅葡萄柚果肉，擠上充分搖勻的步驟3慕絲，最後灑上開心果即完成。

Chou à la crème
泡芙

圓滾滾的可愛外形，中間塞滿了奶
油醬或水果，變化多端的豐富口
味是泡芙最大的魅力所在。本書除
了介紹普通大小的泡芙，也包含適
合派對活動等方便拿取的小點心尺
寸，以及甜鹹兩種口味。

棚乙女草莓泡芙

香橙泡芙

栗子泡芙

堅果醬水果泡芙

巧克力香蕉泡芙

卡士達醬泡芙

材料（大的10個分）
雙目糖泡芙（參照p.211，灑上雙目糖烘烤的大型泡芙） 10個
卡士達醬（參照p.214） 150g
鮮奶油（乳脂肪分45%） 150g

1 將鮮奶油倒入調理盆中，以打蛋器打至全發（緊實固態）。
2 將卡士達醬和步驟1的鮮奶油大略地攪拌至呈現大理石花紋。
3 泡芙從上方約1/3的位置水平切開，擠入步驟2的卡士達醬，再蓋回泡芙的上半部即完成。

櫪乙女草莓泡芙

材料（大的10個分）
原味泡芙（參照p.211，大型泡芙） 10個
卡士達醬（參照p.214） 150g
鮮奶油（乳脂肪分45%） 150g
草莓（櫪乙女草莓，小顆） 適量
開心果（切碎） 適量

1 將鮮奶油倒入調理盆中，以打蛋器打至全發（緊實固態）。
2 將卡士達醬和步驟1的鮮奶油大致混合攪拌，呈現大理石花紋。
3 泡芙從上方約1/3的位置水平切開，中間擠入步驟2的奶油醬，以去蒂後切成4等分的草莓和開心果點綴，再蓋回泡芙的上半部即完成。

香橙泡芙

材料（大的10個分）
原味泡芙（參照p.211，大型泡芙） 10 個
卡士達醬（參照p.214） 150g
鮮奶油（乳脂肪分45%） 150g
柳橙果肉（不帶皮，切成月牙形） 適量
糖煮橙皮（橙皮切絲，以水和細砂糖1：1所煮的糖漿，浸煮至半透明為止） 適量

1 將鮮奶油倒入調理盆中，以打蛋器打至全發（緊實固態）。
2 將卡士達醬和步驟1的鮮奶油大致混合攪拌，呈現大理石花紋。
3 泡芙從上方約1/3的位置水平切開，中間擠入步驟2的奶油醬，以柳橙果肉和糖煮橙皮點綴後，再蓋回泡芙的上半部即完成。

堅果醬水果泡芙

材料（大的10個分）
杏仁泡芙（參照p.211，灑上大致切碎的杏仁烘烤的大型泡芙） 10 個
卡士達醬（參照p.214） 180g
堅果醬（Praliné masse，市售品或參照p.118拳） 60g
鮮奶油（乳脂肪分45%） 70g
果乾（葡萄乾、無花果乾、杏桃乾、芒果乾、蔓越莓乾等） 適量

1 將卡士達醬和堅果醬混合。
2 將鮮奶油倒入調理盆中，以打蛋器打至全發（緊實固態）。
3 將步驟1和步驟2的材料大致混合攪拌，呈現大理石花紋。
4 泡芙從上方約1/3的位置水平切開，中間擠入步驟3的奶油醬，灑上果乾，再蓋回泡芙的上半部即完成。

栗子泡芙

材料（大的10個分）
原味泡芙（參照p.211，大型泡芙） 10個
栗子泥（市售品） 120g
卡士達醬（參照p.214） 60g
鮮奶油（乳脂肪分45%，打至全發） 120g
糖煮栗子（參照p.18＊，剝開成約4等分） 適量

1 將栗子泥和卡士達醬放入調理盆中，以矽膠抹刀充分拌勻，加入打發的鮮奶油，大致混合。
2 泡芙從上方約1/3的位置水平切開，中間擠入步驟1的奶油醬（填入裝上細花嘴的擠花袋中），灑上糖煮栗子，再蓋回泡芙的上半部即就完成。

巧克力香蕉泡芙

材料（大的10個分）
杏仁泡芙（參照p.211，灑上大致切碎的杏仁烘烤的大型泡芙） 10個
卡士達醬（參照p.214） 120g
烘焙專用巧克力（隔水加熱融化，冷卻至不燙手的程度後備用） 50g
鮮奶油（乳脂含量45%，打至全發） 100g
香蕉（去皮，切小丁，浸泡在少許檸檬汁中備用） 適量

1 將融化的巧克力倒入卡士達醬中拌勻。
2 泡芙從上方約1/3的位置水平切開，中間以擠花袋交替擠入步驟1的奶油醬和打發鮮奶油。放上香蕉塊，再蓋回泡芙的上半部即完成。

咖哩馬斯卡彭泡芙 photo p.112

材料（小的20個分）
白芝麻泡芙（參照p.211，灑上白芝麻烘烤的小型泡芙） 20個
馬斯卡彭乳酪 200g
馬鈴薯泥（馬鈴薯蒸熟後去皮，搗成泥狀） 40g
咖哩粉 適量
鹽 適量

1 將馬斯卡彭乳酪和馬鈴薯泥充分混合，加入適量的咖哩粉和鹽調味。
2 泡芙從上方約1/3的位置水平切開，中間擠入步驟1的餡料，再蓋回泡芙的上半部即完成。

新鮮香草山羊乳酪泡芙 photo p.112

材料（小的20個分）
原味泡芙（參照p.211，小型泡芙） 20 個
山羊乳酪（參照下記⌘） 200g
鮮奶油 40g
新鮮香草（時蘿、巴西里、羅勒等） 適量
橄欖油 適量
鹽、胡椒 各適量

⌘ 山羊乳酪：以羊奶或山羊奶所製成的乳酪，也可以奶油乳酪替代。

1 將山羊乳酪和鮮奶油放入調理盆中，以打蛋器前端輕輕磨擦盆底，大幅度畫圓充分攪拌至柔軟滑順為止。
2 將切碎的新鮮香草和橄欖油加入步驟1的材料中混合，再以鹽和胡椒調味。
3 泡芙從上方約1/3的位置水平切開，中間擠入步驟2的奶油醬，再蓋回泡芙的上半部即完成。

南瓜泥泡芙

黑胡椒馬斯卡彭泡芙

胡蘿蔔泥泡芙

菠菜馬鈴薯泥泡芙

新鮮香草山羊乳酪泡芙
recipe p.111

咖哩馬斯卡彭泡芙
recipe p.111

檸檬泡芙

黑芝麻泡芙

巧克力泡芙
recipe p.118

白芝麻泡芙

堅果奶油泡芙
recipe p.118

抹茶泡芙
recipe p.119

南瓜泥泡芙

材料（小的20個分）
南瓜泡芙（參照p.211，將原味泡芙材料中水量的1/4換成南瓜泥〈南瓜泥最後才加入混合〉所作成的小型泡芙）　20個
南瓜泥（南瓜果肉蒸熟後，以電動攪拌器攪打成泥）　300g
鮮奶油（乳脂肪分45%）　100g
鹽、胡椒　各適量

1　將鮮奶油放入調理盆中，以打蛋器打至全發（緊實固態）。
2　將南瓜泥加入步驟1的材料中，以鹽、胡椒調味。
3　泡芙從上方約1/3的位置水平切開，中間擠入步驟2的南瓜泥，再蓋回泡芙的上半部即完成了。

菠菜馬鈴薯泥泡芙

材料（小的20個分）
菠菜泡芙（參照p.211，將原味泡芙材料中水量的1/4換成菠菜泥〈菠菜泥最後才加入混合〉所作成的小型泡芙）　20個

A
├ 馬鈴薯（蒸熟後去皮，搗成泥狀）　200g
├ 菠菜泥（水煮、以電動攪拌器攪打成泥）　60g
├ 培根（以平底鍋乾煎、切碎）　25g
└ 洋蔥（切碎、以沙拉油輕炒備用）　25g
鹽、胡椒　各適量

1　將A料混合拌勻，加入鹽、胡椒調味。
2　泡芙從上方約1/3的位置水平切開，中間擠入步驟1的馬鈴薯泥，再蓋回泡芙的上半部，就完成了。

黑胡椒馬斯卡彭泡芙

材料（小的20個分）
杏仁泡芙（參照p.211，灑上大致切碎的杏仁後烘烤的小型泡芙）　20個
馬斯卡彭乳酪　200g
美奶滋　100g
黑胡椒　適量

1　將馬斯卡彭乳酪放入調理盆中，以木杓攪拌至柔軟滑順。
2　在步驟1的調理盆中加入美奶滋混合均勻，灑入黑胡椒。
3　泡芙從上方約1/3的位置水平切開，中間擠入步驟2的乳酪醬，再蓋回泡芙的上半部即完成。

胡蘿蔔泥泡芙

材料（小的20個分）
胡蘿蔔泡芙（參照p.211，將原味泡芙材料中水量的1/4換成胡蘿蔔泥〈胡蘿蔔泥最後才加入混合〉所作成的小型泡芙））　20個
胡蘿蔔泥（胡蘿蔔蒸熟後，以電動攪拌器攪打成泥）　200g
鮮奶油（乳脂肪分45%）　80g
鹽、胡椒　各適量

1　將鮮奶油放入調理盆中，以打蛋器打至全發（緊實固態）。
2　將胡蘿蔔泥加入步驟1的調理盆中，再以鹽、胡椒調味。
3　泡芙從上方約1/3的位置水平切開，中間擠入步驟2的胡蘿蔔泥，再蓋回泡芙的上半部即完成。

檸檬泡芙

材料（小的20個分）
原味泡芙（參照p.211，小型泡芙） 20個
鮮奶油（乳脂含量45%，打至全發） 100g
檸檬凝乳（參照下記＊） 300g

1 將檸檬凝乳放入調理盆中，以木杓攪拌至滑順鬆軟的狀態，再加入打至全發的鮮奶油，混合拌勻。
2 泡芙從上部約1/3位置水平切開，中間擠入步驟1的檸檬醬，再蓋回泡芙的上半部即完成。

＊檸檬凝乳（lemon curd）

材料（容易製作的分量）
全蛋 120g
細砂糖 60g
海藻糖 40g
檸檬汁 100g
檸檬皮（以刨絲器刨成屑） 1½個分
無鹽奶油 60g
吉利丁片 5g

1 將吉利丁片放入冷水中泡軟。
2 將全蛋、細砂糖和海藻糖倒入調理盆中混合，以打蛋器前端輕輕磨擦盆底，大幅度畫圓充分攪拌，加入檸檬汁後過濾。將剩下的材料全部倒入鍋中，以隔水加熱方式並同時攪拌直到鍋中呈黏稠狀。持續加熱約20分鐘後移開熱水，直接在火上加熱並持續攪拌，煮沸1至2分鐘（殺菌）。接著將鍋底浸入冰水冷卻，持續攪拌直到不燙手的程度。倒入烤盤中，將保鮮膜緊密覆蓋在表面上，放入冰箱冷卻即可。

黑芝麻泡芙

材料（小的20個分）
炭粉泡芙（參照p.211，在原味泡芙麵糊中加入適量的食用炭粉，再灑上黑芝麻烘烤的小型泡芙）
20個
卡士達醬（參照p.214） 200g
黑芝麻糊 40g
鮮奶油（乳脂含量45%，打至全發） 50g

1 在卡士達醬中加入黑芝麻糊後充分拌勻，再加入打發鮮奶油混合。
2 泡芙從上方約1/3的位置水平切開，中間擠入步驟1的黑芝麻卡士達醬，再蓋回泡芙的上半部即完成。

白芝麻泡芙

材料（小的20個分）
白芝麻泡芙（參照p.211，灑上白芝麻後烘烤的小型泡芙） 20 個
卡士達醬（參照p.214） 200g
白芝麻糊 40g
鮮奶油（乳脂含量45%，打至全發） 50g

1 在卡士達醬中加入白芝麻糊後充分拌勻，再加入打發鮮奶油混合。
2 泡芙從上方約1/3的位置水平切開，中間擠入步驟1的白芝麻卡士達醬，再蓋回泡芙的上半部即完成。

在派皮上塗抹杏仁奶油或卡士達醬，再放上新鮮水果烘烤而成。能夠同時品嚐到派皮的口感和水果的鮮甜，剛出爐時尤其美味。搭配自己喜歡的冰淇淋或佐醬一起享用吧！

蘋果派

香蕉派

西洋梨派

巧克力泡芙 photo p.113

材料（小的20個分）
可可泡芙（容易製作的分量）

- 水　180g
- 牛奶　80g
- 無鹽奶油　100g
- 細砂糖　7g
- 鹽　3g
- 低筋麵粉　130g
- 可可粉　25g
- 全蛋　3至4個

卡士達醬（參照p.214）　120g
烘焙專用巧克力（隔水加熱融化後備用）　50g
鮮奶油（乳脂含量45%，打至全發）　40g

1　製作可可泡芙：將低筋麵粉和可可粉混合，
　　過篩備用。將材料中的水、牛奶、奶油、細
　　砂糖和鹽放入鍋中，以火加熱。以和原味泡
　　芙同樣的作法製作麵糊（參照p.211），灑上
　　可可粒（grué de cacao，即磨碎、烘烤過的
　　可可豆，分量外）後烘烤。

2　在卡士達醬中少量多次地加入稍微放涼的巧
　　克力，一邊混合均勻，再加入打發鮮奶油混
　　合。

3　泡芙從上方約1/3的位置水平切開，中間擠入
　　步驟2的巧克麗卡士達醬，再蓋回泡芙的上
　　半部即完成。

堅果奶油泡芙 photo p.113

材料（小的20個分）
杏仁泡芙（參照p.211，灑上大致切碎的杏仁後烘
烤的小型泡芙）　20個
卡士達醬（參照p.214）　150g
堅果醬（praliné masse，市售品，參照下記⌘）
50g
鮮奶油（乳脂含量45%，打至全發）　30g

⌘ 堅果醬：將砂糖煮至焦糖化，加入杏仁等堅
　　果作成的抹醬。

1　將堅果醬加入卡士達醬中混合均勻，再加入
　　打發鮮奶油後拌勻。

2　泡芙從上方約1/3的位置水平切開，中間擠入
　　步驟1的堅果卡士達醬，再蓋回泡芙的上半
　　部即完成。

抹茶泡芙 photo p.113

材料（小的20個分）
炭粉泡芙（參照p.211，在原味泡芙麵糊中加入適量的食用炭粉，再灑上黑芝麻烘烤的小型泡芙）
20個
卡士達醬（參照p.214） 150g
鮮奶油（乳脂含量45%，打至全發） 45g
抹茶粉 適量
黑豆（糖煮） 適量

1 在卡士達醬中加入抹茶粉後混合均勻（顏色可稍濃些），再加入打發鮮奶油後拌勻。
2 泡芙從上方約1/3的位置水平切開，中間擠入步驟1的抹茶醬，放上幾顆黑豆，再蓋回泡芙的上半部，就完成了。

水果（蘋果、香蕉、西洋梨）派

只需變換鋪在派皮上的水果，作法步驟完全相同。

材料（20cm×30cm 1片分）
酥皮麵糰（多重折疊後的塔皮麵糰，以擀麵棍擀成2至3mm厚，20cm×30cm大小，參照p.210） 1片
水果（蘋果、香蕉或西洋梨，切大塊丁狀）
適量
杏仁奶油（參照p.123＊） 220g
蛋黃 1個

1 將酥皮麵糰放在鋪有烘焙紙的烤盤上，在上方均勻塗滿杏仁奶油，再放上水果。
2 將蛋黃和一大匙水混合均勻後，塗抹在麵糰邊緣，放入預熱至200℃的烤箱中，烘烤20至25分鐘。
3 出爐後切成方便食用的大小，盛入容器即完成。可依喜好搭配冰淇淋、打發鮮奶油、肉桂糖粉等享用。

| Tart
塔 | 最基本的作法——先以圓形塔模烤好塔皮，再放入水果等配料及蛋奶醬（appareil）後烘烤完成。麵糰則有幾乎沒有甜味的塔皮麵糰（pâte brisée）和甜味較明顯的甜塔皮麵糰（pâte sucrée）兩種。 |

西洋梨塔

香橙香蕉塔

鳳梨烙

西洋梨塔

材料（直徑24cm的塔模1個分）
塔皮麵糰（參照p.208） 適量
布丁餡（參照p.70＊） 適量
卡士達醬（參照p.214） 適量
白酒燉西洋梨（參照p.50，對半切開，或市售罐
頭） 9個
杏仁片 適量

盲烤

1　將塔皮麵糰擀成2至3mm厚，以滾輪打洞器
　　或叉子尖端戳出均勻的透氣孔，鋪在預先薄
　　塗一層奶油（分量外）的塔模中（a至h），
　　放入冰箱冷藏20分鐘後，鋪上一層烘焙紙，
　　再放上烘焙重石，放入已預熱的烤箱中，以
　　200℃烘烤30至35分鐘（i，j）。

2　烤上色後便可移除重石，再繼續烤3分鐘
　　（k），出爐後連同塔模一起放涼。

製作西洋梨塔

3　在步驟2的塔皮擠上卡士達醬後均勻抹平，
　　將燉西洋梨排列在塔皮中，再慢慢倒入布丁
　　餡（l至n）。

4　將塔模放在烤盤上，放入已預熱的烤箱中，
　　以200℃烘烤35分鐘，灑上杏仁片後再繼續
　　烤5至8分鐘。脫模後置於網架上放涼即完
　　成。

在塔模中塗上分量外的奶油。

以擀麵棍將塔皮麵糰擀成2至3mm厚。

確認塔模底部＋側面高度的大小。

戳透氣孔。

將塔皮放入塔模中。

確實讓塔皮貼合在塔模的內側。

將側面的塔皮壓緊。

連著模型放入冰箱冷藏靜置20分鐘。

鋪上一層烘焙紙。

加上烘焙重石後烘烤。

移除重石，再盲烤3分鐘。

擠入卡士達醬後均勻抹平。

將燉西洋梨排列在塔上。

倒入布丁餡。

香橙香蕉塔

材料（直徑15cm的塔模1個分）
塔皮麵糰（參照p.208） 適量
杏仁奶油（參照右記＊） 40g
香蕉（熟透） 3根
細砂糖、無鹽奶油 各適量
糖漬橙皮（市售品，切碎） 30g

1 將塔皮麵糰擀成2至3mm厚，以滾輪打洞器或叉子尖端戳出均勻的透氣孔，鋪在塔模中，放入冰箱冷藏靜置約20分鐘後盲烤（參照p.122）。

2 將細砂糖均勻地灑滿平底鍋後加熱。呈焦糖狀後加入奶油，再擺入去皮後的香蕉。待香蕉完全沾覆上焦糖，且呈現金黃色澤後切圓片。將平底鍋中剩餘的糖漿取出備用。

3 在步驟1的塔皮底部擠入杏仁奶油後均勻抹平。連著塔模放在烤盤上，以預熱至200℃的烤箱，烘烤約35分鐘後放涼。

4 步驟3的塔冷卻至不燙手的程度後，將步驟2的香蕉片切面朝上鋪滿。在表面灑上糖漬橙皮，再將步驟2剩下的焦糖漿抹在香蕉片之間的空隙。

5 將步驟4的塔放入已預熱的烤箱中，以200℃的烘烤約10分鐘。

6 烤至表面微焦且呈焦糖狀即可出爐。脫模後置於網架上放涼即完成。

鳳梨塔

材料（直徑15cm的塔模1個分）
甜塔皮麵糰（pâte sucrée，參照p.209） 適量
杏仁奶油（參照下記＊） 120g
鳳梨 150g
椰子粉 20g

1 將甜塔皮麵糰擀成2至3mm厚，以滾輪打洞器或叉子尖端戳出均勻的透氣孔，鋪在塔模中，放入冰箱冷藏靜置約20分鐘後盲烤（以170℃烘烤25至30分鐘左右，烤至略為呈現焦黃色。鋪塔皮的方法、烘烤方式請參照p.122的塔皮麵糰）。出爐後連同塔模一起放涼。

2 鳳梨去皮切大塊，平整地排列在烘焙紙上，以180℃烤箱烤15至20分鐘，讓水分蒸發。

3 在步驟1的塔皮底部擠入杏仁奶油後均勻抹平，再擺入步驟2的鳳梨。

4 將塔模放在烤盤上，放入已預熱的烤箱中，以200℃烘烤約40分鐘。烤至約最後10分鐘灑上椰子粉，再烤至表面上色。

5 脫模後置於網架上放涼即完成。

＊杏仁奶油

材料（容易製作的分量）
全蛋 160g
細砂糖 130g
杏仁粉 96g
低筋麵粉 42g
泡打粉 2g
融化的奶油 60g

1 將全蛋放入調理盆中，以打蛋器打散，加入細砂糖，充分攪拌直到細砂糖完全融化。

2 在步驟1中加入杏仁粉後輕輕拌勻，再加入已過篩的低筋麵粉和泡打粉，以矽膠抹刀拌勻。

3 以矽膠抹刀將融化的奶油加入步驟2的材料中，以切拌方式混合均勻。

香蕉巧克力塔

加州梅乾塔

地瓜塔

反轉西洋梨塔

加州梅乾塔

材料（直徑15cm的塔模的1個分）
塔皮麵糰（參照p.208）　適量
克拉芙緹餡（參照p.86＊）　100g
加州梅乾（prune，半乾燥）　150g

1　將塔皮麵糰擀成2至3mm厚，以滾輪打洞器或叉子尖端戳出均勻的透氣孔，鋪在烤模中，放入冰箱冷藏靜置約20分鐘後盲烤（參照p.122，移除烘焙重石後在內側刷上蛋黃，再烘烤3分鐘）。出爐後連同塔模一起放涼。
2　將加州梅乾均等地排列在整個步驟1的塔皮上，再慢慢倒入克拉芙緹餡。
3　將塔模放在烤盤上，放入已預熱的烤箱中，以180℃烘烤25分鐘。脫模後置於網架上放涼即完成。

地瓜塔

材料（直徑15cm的塔模1個分）
塔皮麵糰（參照p.208）　適量
地瓜（蒸熟）　160g
葡萄乾　20g
克拉芙緹餡（參照p.86＊）　45g

1　將塔皮麵糰擀成2至3mm厚，以滾輪打洞器或叉子尖端戳出均勻的透氣孔，鋪在塔模中，放入冰箱冷藏靜置20分鐘後盲烤（參照p.122，移除烘焙重石後在內側刷上蛋黃，再烘烤3分鐘）。出爐後連同塔模一起放涼。
2　將蒸熟後的地瓜切成7mm丁狀，與葡萄乾混合備用。
3　將步驟2的材料填滿步驟1的塔皮，再慢慢倒入克拉芙緹餡。
4　將塔模放在烤盤上，放入已預熱的烤箱中，以200℃烘烤30分鐘。
5　調高烤箱溫度至230℃，繼續烤8至10分鐘，至表面上色。脫模後置於網架上放涼即完成。

香蕉巧克力塔

材料（直徑15cm的塔模1個分）
可可甜塔皮（參照p.209）　適量
卡士達醬（參照p.214）　70g
香蕉（搗成泥）　70g
香蕉（切薄片）　1根
鏡面果膠（nappage neuter，甜點專用，增加亮度的糖漿，市售品）　適量
檸檬汁　適量
開心果（切碎）　適量

1　將可可甜塔皮擀成2至3mm厚，以滾輪打洞器或叉子尖端戳出均勻的透氣孔，鋪在塔模中，放入冰箱冷藏靜置20分鐘後盲烤（預熱後以170℃烘烤約25至30分鐘，烤至略為焦黃。鋪麵皮的方法、烘烤方式請參照p.122的塔皮麵糰）。脫模後放涼備用。
2　將香蕉泥和卡士達醬混合均勻，加入少許檸檬汁。
3　將步驟2的材料鋪滿步驟1的塔皮，並擺上香蕉薄片。
4　在鏡面果膠中加入少許檸檬汁，加熱至呈黏稠狀為止。
5　將步驟4的果膠塗在步驟3的香蕉上，最後灑上開心果即完成。

反轉西洋梨塔

材料（直徑21cm的塔模1個分）
酥皮麵糰（pâte feuilletée，多重折疊的塔皮麵糰，參照p.210） 適量
白酒燉西洋梨（參照p.50，或市售罐頭） 1kg
無鹽奶油 50g
細砂糖 70g

1 預先在塔模中厚塗一層奶油（分量外），並灑上適量的細砂糖（分量外）。

2 將細砂糖均勻地灑滿平底鍋後加熱。呈焦糖狀後加入奶油，再放入白酒燉西洋梨，輕輕炒動讓西洋梨完全沾覆焦糖、上色。

3 在步驟1的塔模中將步驟2的西洋梨緊密排列成扇形，再以擀成2至3mm厚的酥皮麵糰覆蓋。在表面劃上2道刀口，放入已預熱的烤箱中，以210℃烘烤50分鐘。出爐後上下翻轉放在網架上，讓西洋梨和派皮緊密貼合。

4 待冷卻後脫模，依個人喜好灑上細砂糖（分量外），以烙鐵燙成焦糖色，就完成了。

香橙葡萄柚塔 photo p.128

材料（直徑15cm的塔模1個分）
甜塔皮麵糰（pâte sucrée，參照p.209） 適量
杏仁奶油（參照p.123＊） 170g
糖漬橙皮（市售品，切碎） 15g
柳橙果肉（不帶皮，切成月牙形） 適量
葡萄柚（白或紅皆可）果肉（不帶皮，切成月牙形） 適量

1 將柳橙和葡萄柚果肉平整地放在烘焙紙上，以180℃烤箱加熱，烤到即將變色為止，讓水分蒸發。

2 將甜塔皮麵糰擀成2至3mm厚，以滾輪打洞器或叉子尖端戳出均勻的透氣孔，鋪在塔模中，放入冰箱冷藏靜置約20分鐘後盲烤（以170℃烘烤25至30分鐘，烤至略為焦黃。鋪麵糰的方法、烘烤方式請參照p.122的塔皮麵糰）。出爐後連同塔模一起放涼。

3 在步驟2的塔皮底部擠入杏仁奶油，均勻抹平。將步驟1的柳橙和葡萄柚果肉排列在上方，表面灑上糖漬橙皮。

4 將塔模放在烤盤上，放入已預熱的烤箱中，以200℃烘烤約30分鐘即可。如果想確實上色，可在表面覆蓋錫箔紙，再次以180℃烘烤約10分鐘。

香橙葡萄柚塔
recipe p.127

栗 子 塔　　　　　　　　　　　　　　　果 乾 堅 果 塔

栗子塔

材料（直徑15cm的塔模1個分）
甜塔皮麵糰（pâte sucrée，參照p.209） 適量
栗子餡
├ 栗子泥（市售品） 33g
├ 全蛋 20g
├ 蛋黃 6g
├ 細砂糖 10g
├ 低筋麵粉 3g
├ 鮮奶油 15g
└ 融化的奶油 15g
栗子澀皮煮（參照p.194＊） 10至12粒
甘納許（烘焙用巧克力加入同分量的溫熱鮮奶
油，混合乳化製成） 適量
糖粉 適量

1 將甜塔皮擀成2至3mm厚，以滾輪打洞器
  或叉子尖端戳出均勻的透氣孔，鋪在塔模
  中，放入冰箱冷藏靜置約20分鐘後盲烤（以
  170℃烘烤25至30分鐘，烤至略為焦黃。鋪
  麵糰的方法、烘烤方式請參照p.122。移除烘
  焙重石後在內側刷上蛋黃，再烘烤3分鐘）。
  出爐後連同塔模一起放涼。
2 製作栗子餡：將栗子泥放入調理盆中，攪拌
  至柔軟滑順。
3 在步驟2的栗子泥中加入全蛋及蛋黃後拌
  勻，再加入細砂糖，以打蛋器前端輕輕磨擦
  盆底，大幅度畫圓充分攪拌。
4 將低筋麵粉加入步驟3的材料中，快速拌
  勻，接著倒入鮮奶油和融化的奶油，同時不
  斷地拌勻。
5 將步驟4的栗子餡倒入步驟1的塔皮中，再以
  畫圓的方式倒入甘納許。
6 在栗子餡上平均地排列栗子澀皮煮。
7 將塔模放在烤盤上，放入已預的熱烤箱中，
  以170℃的烘烤30分鐘。
8 脫模後置於網架上放涼，最後灑上糖粉點綴
  即完成。

果乾堅果塔

材料（直徑24cm的塔模1個分）
甜塔皮麵糰（pâte sucrée，參照p.209） 適量
杏仁奶油（參照p.123＊） 適量
果乾（皆切塊）
├ 芒果 20g
├ 糖漬橙皮 15g
├ 小紅梅 15g
├ 葡萄乾 10g
└ 迷你葡萄乾 10g
堅果（分別以烤箱烤過）
├ 松子（壓碎） 25g
├ 核桃 5g
├ 杏仁（整顆） 7～8粒
└ 開心果（整顆） 15g

1 將甜塔皮麵糰擀成2至3mm厚，以滾輪打洞
  器或叉子尖端戳出均勻的透氣孔，鋪在塔
  模中（鋪麵糰的方法請參照p.122的塔皮麵
  糰），放入冰箱冷藏靜置20分鐘。
2 將杏仁奶油混合果乾及堅果後，放入步驟1
  的塔皮中。
3 將模型放入烤盤中，放入已預熱的烤箱中，
  以200℃烘烤約35分鐘。若中間尚未烤透但
  表面已上色，可在表面覆蓋錫箔紙後，再繼
  續烘烤5至10分鐘直到烤透。
4 脫模後置於網架上放涼及完成。

人氣食材甜點

Banana
香蕉

果肉柔軟且甜分充足，是容易使用的代表性水果。不論是原味或加熱過都一樣好吃，可以應用在甜點的範圍也非常廣泛。

香煎香蕉佐煉乳冰淇淋　　　　　　　　香蕉堅果春捲

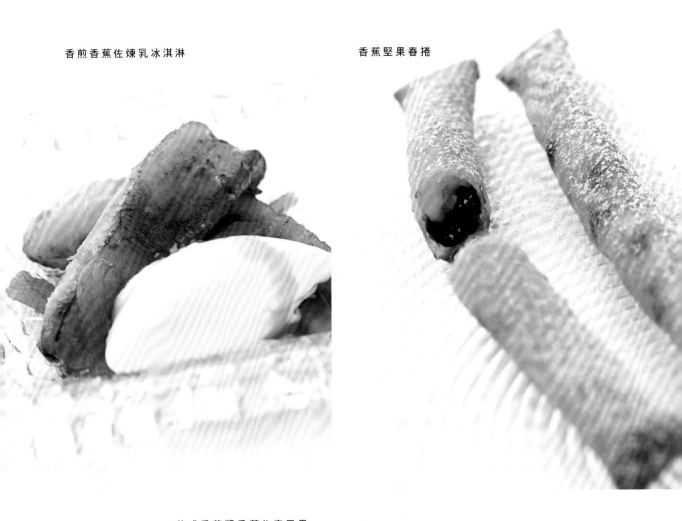

英式香草醬香蕉佐奇異果

香蕉春捲

材料（4個分）
春捲皮　4片
卡士達醬（參照p.214）　60g
香蕉　適量
太白粉水（水與太白粉2：1）　少許
油炸用油（沙拉油）　適量
蜂蜜（蜜柑或洋槐）　少許
柳橙皮（以刨絲器刨成屑）　少許

1　在春捲皮上塗抹卡士達醬。
2　香蕉去皮，切成預計捲起來的寬度（約
　　7cm）。
3　將步驟2的香蕉放在步驟1的春捲皮上，兩側
　　向內折後捲起。最後以太白粉水塗在春捲皮
　　的邊緣，確實閉合。
4　將步驟3的春捲以170℃的油溫，炸至兩面呈
　　現焦黃色為止。
5　將春捲對半切開後盛盤，灑上蜂蜜和柳橙皮
　　即完成。

香煎香蕉佐煉乳冰淇淋

材料（1根分）
香蕉　1根
杏桃乾（半乾燥）　2個
細砂糖　少許
無鹽奶油　適量
糖漿（以1：1比例混合水和細砂糖，加熱後放涼
備用）　少許
白蘭地（或蘭姆酒，依個人喜好）　少許
煉乳冰淇淋（參照p.35＊）　適量

1　香蕉去皮後斜切成塊，灑上少許細砂糖。
2　將步驟1的香蕉放入以奶油熱鍋的平底鍋
　　中，加熱後取出。
3　在取出香蕉後的平底鍋中放入少許糖漿、切
　　成細絲的杏桃乾，稍微加熱，再依個人喜好
　　加入白蘭地（或蘭姆酒），煮成醬汁。
4　將步驟2的香蕉和步驟3的杏桃乾盛入容器
　　中，放上煉乳冰淇淋，再淋上步驟3的醬汁
　　就完成了。

香蕉堅果春捲

材料（4根分）
春捲皮　2片
香蕉果醬（參照p.54）　60g
香蕉（果肉）　60g
堅果（核桃、杏仁等，烘烤過）　適量
葡萄乾　適量
太白粉水（水與太白粉2：1）　少許
油炸用油（沙拉油）　適量
肉桂糖（依個人喜好）　少許

1　在香蕉果醬中加入切成適當大小的香蕉果肉、堅果、葡萄乾，混合均勻。春捲皮對半切開，左右橫長擺放，在下側放上香蕉餡後捲成細長狀（兩端在中途向內折起）。最後以太白粉水塗在春捲皮的邊緣，使春捲皮確實黏起。
2　將步驟1的春捲放入170℃的油鍋，煎炸至焦黃色為止。瀝去油分後盛盤，依個人喜好灑上肉桂糖即完成。

英式香草醬香蕉佐奇異果

材料（1人分）
香蕉（去皮，切丁）　適量
奇異果　適量
鮮奶油　100g
英式香草醬（參照p.215）　25g
細砂糖　少許
糖漿（以1：1比例混合水和細砂糖，加熱後放涼備用）　適量
酥皮　適量

1　鮮奶油加入少許細砂糖，打至八分發（拉起打蛋器後鮮奶油呈現彎曲的尖角狀）後和英式香草醬拌勻，再拌入香蕉塊。
2　奇異果去皮後以叉子輕輕搗碎，加入糖漿調整甜度。
3　將步驟1的材料盛入容器中，淋上步驟2的奇異果，再灑上碎酥皮即完成。

香蕉烤布蕾

香蕉烤布丁

香蕉泥烤布蕾

香蕉杏桃麵包布丁

香蕉烤布蕾

材料
原味烤布蕾餡（容易製作的分量）
- 鮮奶油　200g
- 牛奶　100g
- 蛋黃　60g
- 細砂糖　25g
- 香草莢（縱向對半剖開）　少許

香蕉（去皮，切圓片）　適量
細砂糖　適量

1　製作烤布蕾餡：將鮮奶油、牛奶、香草莢放入鍋中，加熱但不須煮至沸騰。
2　將蛋黃放入調理盆中打散，加入細砂糖後，以打蛋器前端輕輕磨擦盆底，大幅度畫圓充分攪拌。
3　把步驟1的材料一點一點地倒入步驟2中，同時以打蛋器充分拌勻（如果一口氣倒入，蛋黃會因為快速加熱而凝結成豆花狀，須特別注意）。過濾備用。
4　將切成圓片狀的香蕉排列在烤布蕾烤皿中，再慢慢倒入步驟3。
5　放入已預熱的烤箱中，以100℃隔水烘烤25分鐘。
6　待步驟5完全冷卻後在表面均勻地灑上細砂糖，再以料理噴槍烤至表面呈焦糖狀。

香蕉泥烤布蕾

材料
香蕉泥烤布蕾餡（容易製作的分量）
- 鮮奶油　150g
- 牛奶　150g
- 香蕉泥（參照下記＊）　120g
- 蛋黃　60g
- 細砂糖　40g

細砂糖　適量

＊香蕉泥：香蕉去皮後切碎，加入少許檸檬汁，微波加熱後以電動攪拌器攪打成泥。

1　製作香蕉泥烤布蕾餡：鍋中放入鮮奶油、牛奶，加熱但不須煮至沸騰。
2　將蛋黃放入調理盆中打散，加入細砂糖後以打蛋器前端輕輕磨擦盆底，大幅度畫圓充分攪拌。
3　將步驟1的材料一點一點地倒入步驟2的調理盆中，同時以打蛋器充分拌勻。
4　在步驟3的材料中加入香蕉泥後混合。
5　將步驟4的材料倒入烤布蕾烤皿中，放入已預熱的烤箱中，以100℃隔水烘烤25分鐘。
6　步驟5的烤布蕾取出烤箱並完全冷卻後，在表面均勻地灑上細砂糖，再以料理噴槍烤至表面呈焦糖狀即可。

香蕉烤布丁

材料（容易製作的分量）
全蛋　2個
細砂糖　50g
香蕉泥（參照p.138＊）　125g
牛奶　250g
香蕉果醬（參照p.54）　100g

1 將全蛋放入調理盆中打散，加入細砂糖，以
  打蛋器前端輕輕磨擦盆底，大幅度畫圓充分
  攪拌後加入香蕉泥。
2 將加熱但並未沸騰的牛奶，一點一點地倒入
  步驟1的調理盆中，同時以打蛋器拌勻。
3 過濾步驟2的材料，倒入已在底部鋪上一層
  香蕉果醬的布丁烤杯中，放入已預熱的烤箱
  中，以150℃隔水烘烤25至30分鐘即可。

香蕉杏桃麵包布丁

材料（2至3人分）
香蕉（去皮，切厚圓片）　80g
香蕉（去皮，切小丁）　40g
杏桃（切丁）　40g
布里歐麵包（切大丁）　40g
布丁餡（參照p.70＊）　220g

1 在焗烤盤中薄塗一層奶油（分量外），放入
  香蕉、杏桃、布里歐麵包，平均分散並填
  滿。
2 將布丁餡一點一點地倒入步驟1的焗烤盤
  中。
3 放入已預熱的烤箱中，以180℃烘烤約40至
  50分鐘即可。

法式香蕉黑芝麻貝涅餅　　　巧克力慕絲佐香蕉冰淇淋

烤香蕉鮮乳酪冰淇淋

法式香蕉貝涅餅

材料（2人分）
香蕉　1根
法式貝涅餅麵糊（容易製作的分量）
- 低筋麵粉　50g
- 氣泡水　65g
- 蛋白　45g
- 鹽　2g

鳳梨（半乾燥，切碎）　少許
杏仁片（烘烤過，切碎）　少許
油炸用油（沙拉油）　適量
巧克力醬（市售品，或參照p.90＊）　適量

1 製作法式貝涅餅麵糊：將低筋麵粉、鹽、氣泡水放入調理盆中，充分混合均勻，再加入鳳梨乾和杏仁片。
2 將蛋白打至七分發（拉起後蛋白會緩慢滴落盆中，並能在盆中劃出線條的狀態），加入步驟1的材料中。
3 將去皮後切大塊的香蕉浸在步驟2的麵糊中，再以170℃的熱油油炸。
4 盛入容器中，淋上巧克力醬即完成。

法式香蕉黑芝麻貝涅餅

材料（2人分）
香蕉　1根
黑芝麻　適量
法式貝涅餅麵糊（參照左記，不加鳳梨和杏仁）
適量
油炸用油（沙拉油）　適量
蜂蜜　適量

1 香蕉去皮，縱向對半切開，切口處放上黑芝麻。浸入法式貝涅餅麵糊中，以170℃的熱油油炸。
2 盛入容器中，淋上蜂蜜即完成。

巧克力慕絲佐香蕉冰淇淋

材料
巧克力慕絲（參照p.15步驟1至4）　適量
香蕉冰淇淋（參照p.62）　適量
柳橙泡沫（參照下記＊）　適量

＊柳橙泡沫：在柳橙汁（100％果汁）中加入
　少許大豆卵磷脂（料理用乳化劑），以手持
　電動奶泡器打至起泡後備用。

1 製作巧克力慕絲，倒入玻璃杯等容器中，放
　入冰箱冷卻至凝固。
2 在步驟1的慕絲中，加入以湯匙挖取成橄欖
　形的香蕉冰淇淋，再淋上柳橙泡沫即完成。

烤香蕉鮮乳酪冰淇淋

材料（1人分）
香蕉　1根
鮮乳酪冰淇淋（參照下記＊）　適量
葡萄乾　適量

1 香蕉連皮放入預熱至200℃的烤箱，烘烤8至
　12分鐘，直到外皮呈現全黑為止。
2 將步驟1的香蕉趁熱裝入容器中，縱向切開
　開口，放上鮮乳酪冰淇淋和葡萄乾，就完成
　了。

＊鮮乳酪冰淇淋

材料（容易製作的分量）
鮮乳酪（fromage blanc，500g）
水　165g
海藻糖　80g
細砂糖　25g
葡萄糖　25g
檸檬汁　5g

1 將材料中的水、海藻糖、細砂糖、葡萄糖放
　入鍋中，混合煮沸後熄火，讓鍋底接觸冰水
　冷卻。
2 將鮮乳酪和檸檬汁與步驟1的材料混合，倒
　入冰淇淋機中，製成冰淇淋即完成。

Strawberry
草莓

草莓清爽的甜味和酸味、顏色、外型,具備所有適合運用於甜點中的特點。原本5至6月為草莓露天栽培的產季,現在則為了因應聖誕節蛋糕的需求,12月分也看得到溫室栽培的草莓上市。品種眾多,外型大小各有不同,每種草莓皆有自己的特色,小顆的也很美味,就挑選自己所喜歡的吧!

草莓香橙汁

草莓精萃果汁

草莓馬斯卡彭慕絲佐糖煮金桔

草莓香橙汁佐漂浮之島

草莓千層派

材料（1盤的分量）
優格醬
├ 卡士達醬（參照p.214） 70g
├ 優格（在竹篩上鋪棉布巾，將原味優格倒在竹
│ 篩上，放置一個晚上瀝去水分） 50g
├ 鮮奶油 50g
└ 細砂糖 10g
英式香草醬（參照p.215） 適量
千層派皮（參照下記＊） 適量
草莓（小顆） 適量
杏仁片（烘烤過） 適量
糖粉 適量

1 製作優格醬：在鮮奶油中加入細砂糖後，打
 至八分發（拉起打蛋器後鮮奶油呈現彎曲的
 尖角狀）備用。
2 將卡士達醬放入調理盆中，以矽膠抹刀攪拌
 至柔軟滑順，加入優格和步驟1的鮮奶油，
 拌勻。
3 在容器中鋪上英式香草醬，依序堆疊上步驟
 2的優格醬、剝成適當大小的千層派皮、草
 莓，最後灑上糖粉和杏仁片即完成。

＊千層派皮

材料
酥皮麵糰（多重折疊後的塔皮麵糰，參照p.210）
適量
糖粉 適量

1 將酥皮麵糰置於矽膠烘焙墊上，以擀麵棍擀
 成2.5至3mm厚，以滾輪打洞器或叉子尖端戳
 出均勻的透氣孔，放入冰箱冷藏20分鐘。
2 將步驟1麵糰放入已預熱的烤箱中，以200℃
 烘烤約10分鐘，在上方加一個網架並稍加按
 壓，再烤10分鐘。將麵糰上下翻面，再烤10
 分鐘。
3 待麵糰烤出漂亮的焦黃色後，灑上糖粉，再
 放入烤箱以230℃烤約3分鐘，使砂糖溶解。
 置於網架上至完全放涼即可。

草莓香橙汁

材料（容易製作的分量）
草莓汁
├ 草莓 250g
├ 細砂糖 75g
└ 檸檬汁 適量
草莓（小粒） 適量
柳橙果肉（不帶皮，切成月牙形） 適量

1 製作草莓汁：將去蒂的草莓、細砂糖、水
 150cc混合後，以電動攪拌器打碎。打至完全
 滑順後，過濾進調理盆中，將盆底浸入冰水
 或直接放入冰箱，使其冷卻。以檸檬汁調整
 風味。
2 將步驟1的材料倒入容器中，加上帶蒂頭、
 縱向對半切開的草莓和柳橙果肉即完成。

草莓馬斯卡彭慕絲佐糖煮金桔

材料（1人分）
草莓（櫪乙女草莓或Skyberry，大顆） 1個
馬斯卡彭慕絲（參照下記＊） 適量
糖煮金桔（參照p.51，切成四等分） 適量
草莓精萃果汁（參照p.147） 50g

1 選一個較深的容器，完全搖勻馬斯卡彭慕絲
 後擠出，再加上去蒂後縱向對半切開的草
 莓。慢慢倒入草莓精萃果汁，再點綴上糖煮
 金桔即可。

＊馬斯卡彭慕絲

材料（容易製作的分量）
馬斯卡彭乳酪 150g
鮮奶油 50g
英式香草醬（參照p.215） 30g

將所有材料放入調理盆中攪拌混合，填入虹
吸氣壓瓶中。灌好瓦斯，充分搖勻後擠出。

草莓精萃果汁

將草莓的精華濃縮而成的豪華版草莓果汁。

材料
草莓（櫪乙女草莓） 適量
細砂糖 適量

1 在草莓上輕灑細砂糖，裝入真空袋中（如果沒有真空袋，也可以使用夾鍊袋）。盡可能抽出袋中多餘的空氣後密合袋口，放入冷凍庫中冷凍（a）。
2 將步驟1的草莓退冰，完全解凍後連著袋子浸入50至60℃的熱水，加熱1至2小時（b）。
3 在濾網中鋪上餐巾紙（廚房用紙巾），將濾網架在鍋子上。將步驟2的草莓倒入濾網中靜置（c），慢慢過濾（d，不須以木杓按壓，待果汁自然滴落即可）。
4 試試味道，可以加入糖漿和檸檬汁（皆分量外）調整風味後，倒入玻璃杯中即完成。

草莓香橙汁佐漂浮之島

材料（1盤的分量）
漂浮之島（原味，參照p.26，以湯匙舀起、在熱水中煮過備用） 2個
草莓 200g
糖漿（以1：1比例混合水和細砂糖，加熱後放涼備用） 適量
檸檬汁 適量
草莓（裝飾用） 適量
柳橙果肉（不帶皮，切成月牙形） 適量
草莓粉（市售品） 適量
開心果（切碎） 適量

1 將草莓200g以電動攪拌機打碎，加入糖漿和檸檬汁調整風味。
2 將步驟1的草莓慢慢倒入較深的容器中，放上漂浮之島。
3 放上縱向對半切開的草莓，以及切成適當大小的柳橙果肉，最後灑上草莓粉和開心果即完成。

草莓沙巴雍

草莓席布斯特

焗烤草莓

草莓開心果烤布蕾

草莓席布斯特

材料（容易製作的分量）
草莓（大顆） 8個
席布斯特醬（參照右記＊） 100g
開心果抹醬
├ 英式香草醬（參照p.215） 100g
└ 開心果果泥（市售品） 少許

1 將英式香草醬和開心果果泥混合，作成開心果抹醬。
2 將席布斯特醬擠入半球型矽膠模中，放入冷凍庫冷卻至凝固。
3 草莓去除蒂頭，切除尖端（切口約為直徑2.5cm的圓面）。
4 將步驟2的席布斯特從模型中取出，放在步驟3草莓的切口面上。席布斯特醬表面以料理噴槍烤成焦黃色。
5 將少許的步驟1開心果抹醬鋪在容器中，放上步驟4的草莓與席布斯特即完成。

＊席布斯特醬

材料（容易製作的分量）
卡士達醬（參照p.214） 100g
義式蛋白霜（參照下記＊） 100g

1 將卡士達醬放入調理盆中，以打蛋器攪拌至柔軟滑順。
2 在步驟1的卡士達醬中加入1/3分量的義式蛋白糖霜，以打蛋器拌勻。
3 將剩下的蛋白霜加入步驟2材料中，盡量不破壞蛋白氣泡，以矽膠抹刀混合即可。

＊義式蛋白霜

材料（容易製作的分量）
蛋白 80g
細砂糖 100g
水 25g

1 蛋白和10g的細砂糖混合後，打發至蛋白泡沫硬挺。
2 在小鍋中倒入材料中的水和剩下的細砂糖，混合後以火加熱至117℃。將糖水一點一點地加入步驟1的蛋白霜中，同時充分攪拌打發，打發至蛋白泡沫硬挺且表面富有光澤為止。

草莓沙巴雍

材料（1盤的分量）
草莓（櫪乙女草莓） 適量
沙巴雍醬
├ 蛋黃 2個
├ 細砂糖 20g
└ 白酒 30g
薄荷葉 少許

1 將沙巴雍醬的材料放入調理盆中混合，然後隔水加熱，以打蛋器確實將蛋白打發至細緻綿密、呈現慕絲狀的泡沫。
2 將去蒂後的草莓整齊排列在耐熱烤皿中，淋上步驟1的沙巴雍醬，以明火烤箱（或料理噴槍）烤至表面上色，最後點綴上薄荷葉即可。

焗烤草莓

材料
草莓（小顆） 適量
克拉芙緹餡（參照p.86＊） 適量
奶酥（參照p.213，烘烤過）
適量（依個人喜好）
⌘ 使用直徑約6cm的布丁烤杯或焗烤盅。

1 草莓去蒂，清洗過後瀝去水分備用。
2 將步驟1的草莓排列在布丁烤杯或焗烤盅中，慢慢倒入克拉芙緹餡，直到稍露出草莓的頂部為止。
3 放入已預熱的烤箱中，以180℃烘烤25至30分鐘。
4 出爐後依個人喜好灑上奶酥。

草莓開心果烤布蕾

材料（容易製作的分量）
草莓（小顆） 適量
鮮奶油 300g
牛奶 100g
蛋黃 120g
細砂糖 100g
開心果果泥（市售品） 50g

1 鍋中放入鮮奶油及牛奶，加熱但不須煮至沸騰。
2 將蛋黃放入調理盆中打散，加入細砂糖，以打蛋器前端輕輕磨擦盆底，大幅度畫圓充分攪拌。加入開心果果泥。
3 將步驟1的材料一點一點地加入步驟2的調理盆中，同時以打蛋器充分拌勻（若一口氣倒入，蛋黃會因為快速加熱而凝結成豆花狀，須特別注意）。倒入細網過篩壓成泥後備用。
4 草莓去蒂後排列在烤皿中，慢慢倒入步驟3的材料，直到稍露出草莓的頂部為止。
5 放入已預熱的烤箱中，以110℃隔水烘烤25至30分鐘。
6 待步驟5的烤布蕾完全冷卻後，在表面均勻地灑上細砂糖（分量外），以料理噴槍烤出顏色即完成。

Pinapple
鳳梨

雖然是經常直接食用的水果，但用來製作甜點也非常適合且美味。加熱後的鳳梨會呈現與生食完全不同的味道。為整顆鳳梨切除外皮時，可先切掉頂端和底部，接著縱向削去外皮，棕色的芽眼口感較硬，也請切除。

整顆烤鳳梨佐檸檬奶油醬

烤鳳梨佐香草冰淇淋

烤鳳梨佐堅果果乾

鳳梨精萃果汁

鳳梨百香果果凍

整顆烤鳳梨佐檸檬奶油醬

材料（容易製作的分量）
鳳梨　1個
香草莢　數根
檸檬奶油醬
- 細砂糖　100g
- 水　100g
- 無水奶油（clarified butter，奶油加熱後僅取上部的透明液狀奶油）　40g
- 檸檬汁　25g
- 香草莢（縱向對半剖開）　1根

1　仔細地削去鳳梨外皮，再以螺旋狀切法把芽眼切除。側面以金屬刺籤扎出數個孔，塞進香草莢。

2　製作檸檬奶油醬：將細砂糖、材料中的水、檸檬汁、香草莢放入小鍋中加熱，最後加入無水奶油拌勻。

3　將步驟1的鳳梨放入鍋中（或深度較深的烤盤），步驟2的醬汁均勻淋在鳳梨表面，連著鍋子放入已預熱的烤箱中，以180℃烘烤30至40分鐘（視鳳梨大小調整）。過程中舀起鍋底的醬汁淋在鳳梨表面上，烤至表面呈現焦黃色最恰到好處。

⌘　香草莢選用使用過一次、充分洗淨乾燥的即可。

烤鳳梨佐香草冰淇淋

材料
整顆烤鳳梨（參照左記）　適量
香草冰淇淋（參照p.42＊）　適量

1　將整顆烤好的鳳梨切厚片，盛入容器中，趁熱加上香草冰淇淋即可。

烤鳳梨佐堅果果乾

採用法國常見的盛盤方式。

材料
整顆烤鳳梨（參照p.154） 1個
堅果（核桃、杏仁、開心果等） 適量
果乾（杏桃、無花果、梅乾、蔓越莓、芒果、葡
萄乾等） 適量
鮮奶油（七分發） 適量
維也納麵包（或布里歐麵包） 適量

1 堅果預先以烤箱稍烘烤過備用。
2 將製作整顆烤鳳梨時鍋底殘留的醬汁，和步
 驟1的堅果與果乾混合。
3 將烤鳳梨裝入大型容器中，放上步驟2混合
 的材料，再加入鮮奶油和維也納麵包即完
 成。

鳳梨精萃果汁

材料（容易製作的分量）
鳳梨 1個
糖漿（以1：1比例混合水和細砂糖，加熱後放涼
備用） 適量
檸檬汁 適量

1 鳳梨去皮清理後切大塊，以電動攪拌機盡可
 能攪打成細泥。
2 在濾網中鋪上餐巾紙（廚房用紙巾），將
 濾網架在鍋子上。放入步驟1的鳳梨泥後靜
 置，慢慢過濾（不須以木杓按壓，待果汁自
 然滴落即可）。
3 將糖漿和檸檬汁加入步驟2的果汁中調整風
 味，倒入玻璃杯中即完成。

鳳梨百香果果凍

材料
白酒凍（參照p.167） 適量
鳳梨（切小丁） 適量
百香果（種籽部分） 適量

1 白酒凍以湯匙搗碎，和鳳梨、百香果輕拌混
 合後盛入容器中即完成。

白酒漬鳳梨

紅酒漬鳳梨

法式鳳梨貝涅餅

茅屋乳酪佐鳳梨

Apple, Kaki
蘋果・柿子

兩者皆是橫跨秋冬的當令水果。只要水平對半切開，就可以填入餡料，也可在上方擺放食材，作為容器使用。在此介紹數道運用其圓潤外型所延伸的甜點，只要變換不同的內餡或食材，就能享受多種口味變化。

烤蘋果盅　　　　　　　　　　　柿子佐豆腐冰淇淋

157

白酒漬鳳梨

材料（容易製作的分量）
鳳梨（去皮） 1/2個
檸檬（薄片） 1/4顆
水 280g
白酒 70g
細砂糖 40g
法式鳳梨冰沙（參照p.67） 適量
薄荷葉 適量

1 將材料中的水、白酒、細砂糖拌勻。
2 將鳳梨切大塊，和檸檬一起放入真空袋中，倒入步驟1的材料，真空處理，靜置直到鳳梨完全吸收液體為止。
3 將步驟2的鳳梨盛入容器中，以法式鳳梨冰沙和薄荷葉點綴即完成。

紅酒漬鳳梨

材料（容易製作的分量）
鳳梨（去皮） 1/2個
檸檬（薄片） 1/4顆
水 280g
紅酒 70g
細砂糖 40g
薄荷葉 適量

1 將材料中的水、紅酒、細砂糖拌勻。
2 將鳳梨切大塊，和檸檬一起放入真空袋中，倒入步驟1的材料，真空處理，靜置直到鳳梨完全吸收液體為止。
3 器將步驟2的鳳梨盛入容器中，以薄荷葉點綴即可。

法式鳳梨貝涅餅

材料（2人分）
鳳梨 適量
法式貝涅餅麵糊
├ 低筋麵粉 50g
├ 氣泡水 65g
├ 蛋白 45g
└ 鹽 2g
油炸用油（沙拉油） 適量
蜂蜜、肉桂粉 各少許

1 製作法式貝涅餅麵糊：將低筋麵粉、鹽、氣泡水放入調理盆中，充分拌勻。
2 將蛋白打至七分發（拉起後蛋白會緩慢地滴落盆中，並能在盆中劃出線條的狀態），加入步驟1的材料中。
3 將去皮後切大塊的鳳梨浸入步驟2的麵糊中，以170℃的熱油油炸。
4 麵糊炸透後即可起鍋，盛入容器中，以蜂蜜和肉桂粉點綴即完成。

茅屋乳酪佐鳳梨

材料
鳳梨（切小丁） 適量
茅屋乳酪（容易製作的分量）
├ 牛奶 1ℓ
├ 檸檬汁 50g
└ 鹽 2g
鮮奶油（打至七分發） 適量
蜂蜜 適量

1 製作茅屋乳酪：將牛奶和鹽放入鍋中，加熱至60℃左右後熄火。
2 在步驟1的材料中加入檸檬汁後攪拌，置靜片刻。待鍋中開始出現分離的情況後，以鋪有廚房紙巾或棉布巾的濾網濾去水分。
3 在步驟2的材料中加入鮮奶油和蜂蜜調整風味，加入鳳梨混合。
4 將步驟3的材料盛入容器中，再灑上鳳梨點綴即完成。

烤蘋果盅

材料（2個分）
蘋果　1顆
香蕉（切小丁）　30g
無花果（半乾燥，切小塊）　1個分
葡萄乾　16粒
布里歐麵包（撕成小碎塊）　30g
奶油乳酪　40g
糖漿（以1：1比例混合水和細砂糖，加熱後放涼備用）　適量
檸檬汁　適量

1　蘋果不去皮，橫向對半切開，微波加熱至軟化為止。去芯，以湯匙或球形挖勺挖去中間的果肉，作成蘋果盅，挖出來的果肉切碎備用。
2　將奶油乳酪、少許糖漿、檸檬汁放入調理盆中充分拌勻，再加入步驟1切碎的蘋果、香蕉、無花果乾、葡萄乾後攪拌。最後加入布里歐麵包，並將拌勻的餡料塞滿步驟1挖空的蘋果盅裡。
3　放入已預熱的烤箱中，以180℃烘烤約20分鐘，直到表面呈現些許焦黃色即可。

柿子佐豆腐冰淇淋

材料（1人分）
柿子　1/2個
南瓜籽（烘烤過）　適量
豆腐冰淇淋（容易製作的分量）
├ 嫩豆腐　150g
├ 牛奶　120g
├ 蜂蜜　20g
├ 檸檬汁　10g
└ 細砂糖　8g

1　製作豆腐冰淇淋：將所有材料混合，以電動攪拌器攪拌，倒入細網過篩後倒入冰淇淋機中，製成冰淇淋。
2　柿子去果核，放入已預熱的烤箱中，以180℃烤約20分鐘。
3　在步驟2的柿子上放上步驟1的豆腐冰淇淋，灑上南瓜籽即完成。

Melon
哈蜜瓜

有著綠色或橙黃色透明果肉的美麗水果。柔軟的果肉可挖取成圓球狀，在擺盤裝飾上能作出許多有趣的變化。視覺上具有華麗感，適合作為宴會接待時的點心。

哈蜜瓜生薑漬

哈蜜瓜漂浮之島

哈蜜瓜精萃果汁

哈蜜瓜精萃果汁

哈蜜瓜生薑漬

材料
哈蜜瓜（以球形挖勺挖取果肉） 適量
哈蜜瓜果汁 適量
蜂蜜 適量
檸檬（薄片） 適量
檸檬汁 適量
生薑（薄片） 適量

1 將所有材料放入大的調理盆中混合，冷藏靜
　置一晚即可。

哈蜜瓜漂浮之島

材料
哈蜜瓜 適量
糖漿（以1：1比例混合水和細砂糖，加熱後放涼
備用） 適量
漂浮之島（在p.26所列的材料中加入萊姆皮絲，
倒入烤盤中蒸煮） 適量
哈蜜瓜精萃果汁（參照p.163） 適量
薄荷葉 少許

1 以球形挖勺挖取哈密瓜的果肉，和少許糖漿
　一起放入真空袋中，進行真空處理。緊接著
　打開袋子，取出哈蜜瓜。
2 以球形挖勺挖取蒸好的漂浮之島。
3 將哈蜜瓜精萃果汁倒入容器中，再放入步驟
　1的哈蜜瓜、步驟2的漂浮之島，最後以薄荷
　葉點綴即完成。

哈蜜瓜精萃果汁

只粹取哈蜜瓜透明精華的奢華果汁。

材料（容易製作的分量）
哈蜜瓜　1個
糖漿（以1：1比例混合水和細砂糖，加熱後放涼
備用）　適量
檸檬汁　適量

1 哈蜜瓜去皮，將種籽取出，放在碗中備用。
　果肉切成適當大小，以電動攪拌器打散。
2 濾網中鋪上廚房紙巾，架在鍋子上，將步驟
　1以攪拌器打散的果肉、種籽倒入濾網中靜
　置（a，b），慢慢過濾（c，不須以木杓按
　壓，待果汁自然滴落即可）。
3 將糖漿和檸檬汁加入步驟2的果汁中調整風
　味，倒入玻璃杯即完成。

Cherry
櫻桃

日本的櫻桃產季大約在每年的6月至7月上旬，十分短暫，因而成為珍貴的食材。如果想以高價的日本國產櫻桃製作甜點，需要一些勇氣，但使用美國櫻桃就不會手軟了。美國櫻桃的果肉結實，即使加熱後也不會散開。

櫻桃溫沙拉佐香草冰淇淋

茅屋乳酪佐櫻桃

櫻桃白酒凍

香草冰淇淋佐櫻桃醬

櫻桃溫沙拉佐香草冰淇淋

材料（1盤分）
美國櫻桃（去果核） 10至15粒
無鹽奶油 10g
細砂糖 5g
柳橙果肉（不帶皮，切成月牙形） 2塊
杏仁（整顆，烘烤過） 5粒
香草冰淇淋（參照p.42＊） 適量

1 將奶油放入小鍋中加熱，櫻桃入鍋前混合細砂糖，倒入鍋中拌炒。
2 將柳橙果肉、杏仁加入步驟1的鍋中，稍微加熱。
3 將步驟2的材料盛入容器中，放上香草冰淇淋即完成。

⌘ 美國櫻桃也可使用冷凍產品（以下皆同）。

香草冰淇淋佐櫻桃醬

材料（容易製作的分量）
美國櫻桃（去果核） 500g
細砂糖 120g
檸檬汁 少許
玉米粉 少許
香草冰淇淋（參照p.42＊） 適量

1 將細砂糖、檸檬汁加入櫻桃中，稍加浸漬。
2 1 將步驟1的材料放入鍋中，慢慢加熱直到櫻桃果肉軟化。
3 玉米粉以水融化後加入步驟2的鍋中，使其稍呈現黏稠狀，最後淋在已裝入容器中的香草冰淇淋上即可。

茅屋乳酪佐櫻桃

材料（容易製作的分量）
茅屋乳酪（參照p.158）適量
鮮奶油（打至七分發）適量
蜂蜜 適量
美國櫻桃 適量

1 將鮮奶油、蜂蜜加入茅屋乳酪中，調整風味
   後和切成4等分的櫻桃混合。
2 將步驟1的材料盛入容器中，加入對半切開
   的櫻桃即完成。

櫻桃白酒凍

材料
櫻桃（去果核）適量
薄荷葉 適量
白酒凍（容易製作的分量。使用洋菜粉）
├ 水　350g
├ 白酒　250g
├ 細砂糖　100g
└ 洋菜粉（凝固劑）　4g

1 製作白酒凍：將白酒放入鍋中，加熱至沸騰
   使酒精略為揮發後，加入材料中的水再次煮
   沸，加入預先充分拌勻的細砂糖和洋菜粉，
   再一次煮沸。
2 熄火後將步驟1的材料倒入調理盆中，將盆
   底浸入冰水，至不燙手的程度後放入冰箱冷
   卻至凝固。
3 以湯匙搗碎步驟2的白酒凍，和櫻桃、薄荷
   葉一起盛入容器中。

參考：
白酒凍（使用吉利丁）
├ 水　350g
├ 白酒　250g
├ 細砂糖　100g
└ 吉利丁片　17g

1 將吉利丁片放入冷水中泡軟。
2 將白酒放入鍋中，加熱至沸騰使酒精略為揮
   發後，加入材料中的水和細砂糖。
3 待細砂糖完全融化後，加入擰去多餘水分的
   吉利丁片，倒入調理盆中，將盆底浸入冰
   水，待完全冷卻後放入冰箱冷卻至凝固即
   可。

白桃馬斯卡彭醬

Peach
桃子

產季落在夏季至初秋，也是屬於產季較短、季節感強的水果。在日本比較常見的品種為白桃，果肉柔軟、甜味清香，用於製作甜點時就盡量凸顯這些特色吧！黃桃的果肉則較為扎實，經常會加工製成罐頭。

香煎桃子佐鮮乳酪冰淇淋

白桃果汁

焗烤糖煮白桃　　　反轉桃子塔

白桃馬斯卡彭醬

材料（1人分）
白桃（去皮，切成半圓形）　2片
英式香草醬（參照p.215）　90g
馬斯卡彭乳酪　60g
糖漿（以1：1比例混合水和細砂糖，加入少許檸
檬和萊姆皮，加熱後放涼備用）　10g
檸檬汁　適量

1　將英式香草醬、馬斯卡彭乳酪、糖漿以打蛋
　　器充分拌勻，再加入檸檬汁調整風味。
2　將白桃盛入容器中，均勻地淋上步驟1的醬
　　汁，再以用於糖漿中的檸檬和萊姆皮點綴即
　　完成。

白桃果汁

材料
白桃（成熟）　適量
檸檬汁　適量

1　白桃去皮、去除果核，果肉以電動攪拌器打
　　碎。
2　將檸檬汁加入步驟1的果肉中調整風味，也
　　可視需要加入少許水調整濃度，倒入玻璃杯
　　中即完成。

焗烤糖煮白桃

材料（2人分）
糖煮白桃（參照p.51）　1個分
藍莓　適量
杏仁片（烘烤過）　15g
卡士達醬（參照p.214）　50g
鮮奶油　10g＋15g
蛋白　30g
細砂糖　10g

1　將卡士達醬和10g鮮奶油拌勻。
2　將15g鮮奶油打至七分發（拉起後鮮奶油會
　　緩慢地滴落盆中，並能在盆中劃出線條的狀
　　態）。
3　將細砂糖加入蛋白中，打至七分發，再和步
　　驟2的鮮奶油混合。
4　將糖煮白桃切大塊，加入藍莓、杏仁片、
　　步驟1的奶油醬，輕輕拌勻後倒入耐熱烤皿
　　中。
5　步驟3的打發鮮奶油倒在步驟4的材料上，放
　　入已預熱的烤箱中，以180℃烘烤5分鐘，直
　　到表面呈現焦黃色即可。

香煎桃子佐鮮乳酪冰淇淋

材料（1人分）
桃子（帶皮，去果核） 1/2個
鮮乳酪冰淇淋（參照p.143＊） 適量
奶酥（參照p.213，烘烤過） 適量
無鹽奶油 適量
細砂糖 適量

1 將奶油放入平底鍋加熱至冒出氣泡，倒入細砂糖。煮至呈焦糖狀後，桃子切面朝下入鍋，煎至微焦後翻面，讓整體均勻地上色。

2 將步驟1的桃子盛入容器中，加入鮮乳酪冰淇淋和奶酥點綴即完成。

反轉桃子塔

材料（1人分）
塔皮麵糰（參照p.208，以擀麵棍擀成2至3mm厚，以模具壓成直徑9cm的圓形） 1片
桃子（去皮，切大塊） 1½個分
無鹽奶油 15g
細砂糖 20g
檸檬汁 適量
A（焦糖）
├ 細砂糖 50g
└ 水 30g
香草冰淇淋（參照p.42＊） 適量
開心果（切碎） 適量

1 在塔模中（直徑9cm）薄塗一層奶油（分量外）。將A料放入小鍋中，加熱煮至焦糖狀，趁熱倒入塔模中。

2 將奶油放入平底鍋，加熱至鍋中開始冒煙後倒入細砂糖。加入桃子拌炒一下，最後加入檸檬汁。

3 以步驟2的桃子填滿步驟1的塔模，再以塔皮麵糰覆蓋在塔模表面上。

4 放入已預熱的烤箱中，以180℃烘烤約20分鐘。出爐完全放涼後上下翻轉，從塔模中取出。

5 盛入容器中，放上香草冰淇淋，並灑上開心果即完成。

白桃開心果千層派   桃子席布斯特

白桃藍莓千層派

白桃開心果千層派

材料（2人分）
千層派皮（參照p.146＊） 適當大小2片
白桃（去皮，切成月牙形） 適量
卡士達醬（參照p.214） 70g
開心果果泥（市售品） 10g
覆盆子 適量
開心果（切碎） 適量

1 將卡士達醬和開心果果泥拌勻。
2 千層派皮切大塊，和白桃、步驟1的材料疊起，盛入容器中，灑上覆盆子和開心果點綴即完成。

桃子席布斯特

材料（1人分）
桃子（熟透，去皮，去果核） 1/2個
席布斯特醬（參照p.150＊） 適量
蜂蜜 20g
檸檬汁 20g
開心果 適量
杏仁（烘烤過） 適量
覆盆子 適量

1 在直徑4至5cm的慕絲圈中，擠入席布斯特醬約1cm高，放入冷凍庫冷卻至凝固。
2 將蜂蜜和檸檬汁拌勻，加入搗碎的開心果、杏仁、以手對半撥開的覆盆子，輕輕混合。
3 將桃子切面朝上盛入容器中，並放上凝固的步驟1席布斯特醬。
4 將步驟2的材料灑在桃子周圍，最後以料理噴槍為席布斯特醬上色即完成。

白桃藍莓千層派

材料（2人分）
千層派皮（參照p.146＊，切成4cm×9cm備用）
6片
白桃（去皮，切小丁）　40g
卡士達醬（參照p.214）　60g
馬斯卡彭乳酪　60g
藍莓　適量
焦糖榛果（參照右記＊）　適量
可可粉、糖粉　各適量

1　將卡士達醬和馬斯卡彭乳酪充分拌勻，加入白桃。
2　取3片千層派皮，夾入步驟1的餡料，盛入容器中。周圍也淋上步驟1的材料。
3　灑上可可粉、糖粉，並在周圍灑上藍莓、焦糖榛果即完成。

＊焦糖榛果

材料（容易製作的分量）
榛果　100g
水　11g
細砂糖　25g
無鹽奶油　3g

1　榛果以烤箱烘烤後備用。
2　將材料中的水和細砂糖放入鍋中混合，加熱至110℃後熄火，放入步驟1的榛果，持續攪拌直到周圍的細砂糖出現白色結晶。
3　從步驟2的鍋中取出榛果，鍋子繼續加熱直到內側的細砂糖融化為止。
4　將榛果倒回步驟3的鍋中，持續加熱直到包覆榛果的糖呈現具光澤的焦糖色後熄火。
5　將奶油加入步驟4的焦糖榛果中攪拌，倒在烘焙墊上鋪開，讓每顆榛果保持間距，放涼即完成。

| Pear 西洋梨 | 這是燉西洋梨（p.50）的另一種運用方式。製作甜點時，燉煮水果還是比新鮮水果容易使用。 |

西洋梨派

Nashi
水梨

富含水分、口感清爽的水梨。本道食譜運用水梨的纖細特質，作成花瓣的造型呈現。

水梨沙拉

西洋梨派

材料（1人分）

酥皮麵糰（多重折疊後的塔皮麵糰，參照p.210，
以　麵棍　成2至3mm厚，切成10cm長的菱形）
2片

白酒燉西洋梨（參照p.50）　1/2個

牛奶巧克力　適量

鮮奶油　適量

全蛋　1個

牛奶　適量

可可粒（grué de cacao，可可豆磨碎、烘烤而
成）　適量

糖粉　適量

英式香草醬慕絲（容易製作的分量）
├ 英式香草醬（參照p.215）　270g
└ 慕絲用凝固劑（Espuma COLD）　12g

1　在酥皮麵糰上劃上如葉脈般的刀口，表面刷
　　上混合全蛋的牛奶。放入已預熱的烤箱中，
　　以200℃烘烤約15分鐘，直到烤成焦黃色為
　　止。

2　將白酒燉西洋梨縱向切成薄片。

3　隔水加熱融化牛奶巧克力，冷卻至不燙手的
　　程度後，和鮮奶油混合（比例為巧克力3：鮮
　　奶油2），以打蛋器打成霜狀。

4　製作英式香草醬慕絲：將英式香草醬和慕絲
　　用凝固劑充分拌勻，填入虹吸氣壓瓶中，灌
　　好瓦斯備用。

5　將一片步驟1的酥皮麵糰鋪在容器中，擺上
　　步驟2的燉西洋梨。將步驟4的慕絲充分搖勻
　　後擠在西洋梨旁，灑上可可粒，再放上一片
　　步驟1的酥皮麵糰，佐以步驟3的巧克力醬。
　　在西洋梨表面灑上糖粉，以料理噴槍輕輕烤
　　上色即完成。

水梨沙拉

材料（1人分）
水梨　1/4個
糖漿（以1：1比例混合水和細砂糖，加熱後放涼
備用）　適量
柚子果汁　適量
夏翠絲香甜酒（Chartreuse）　少許
水梨雪酪（參照p.66）　適量
柚子皮　適量

1 水梨去皮、去芯和籽，以蔬果切片器縱向削
   成薄片。輕輕裝入真空袋中，將糖漿、柚子
   果汁、夏翠絲香甜酒混合後，倒入袋中蓋過
   水梨。
2 步驟1的真空袋進行真空處理，待水梨片完
   全吸收汁液呈半透明狀後，馬上從袋中取
   出。
3 將水梨雪酪挖成圓形，放入容器中。將步驟
   2的水梨一片片捲起，嵌入雪酪中固定。
4 最後以刨絲器刨出柚子皮點綴即完成。

⌘ 如果真空時間過長，梨子會失去彈性和口感，盡
   量在最後階段處理。

燉無花果佐法式葡萄柚雪酪　　　　　　　無花果塔

Fig 無花果	無花果與肉類或乳酪皆十分對味，因此經常使用於料理中，是一種無論燉煮或焗烤，只要加熱過後味道就會變得更有深度的水果。新鮮的無花果不耐久放，若製作後有剩餘，推薦作成燉煮水果。

烤無花果

燉無花果佐法式葡萄柚雪酪

材料（4人分）
白酒燉無花果（參照p.51） 4個
白酒凍（參照p.167） 適量
馬斯卡彭乳酪 75g
卡士達醬（參照p.214） 75g
葡萄柚法式冰沙
├ 葡萄柚汁（果汁100%） 100g
├ 白酒（酒精已揮發後的液體） 35g
└ 糖漿（以1：1比例混合水和細砂糖，加熱後放
　涼備用） 25g

1 製作葡萄柚法式冰沙：將葡萄柚汁、白酒、
　糖漿拌勻，倒入不鏽鋼烤盤中，放入冷凍庫
　冷卻至凝固（參照p.67⌘）。
2 待步驟1的材料完全凝固後，以叉子背面壓
　碎。
3 將馬斯卡彭乳酪和卡士達醬拌勻，填入擠花
　袋，擠入燉無花果中。
4 將步驟3的餡料及壓碎的白酒凍裝入容器
　中，佐以步驟2的法式冰沙即完成。

無花果塔

材料（1人分）
塔皮麵糰（參照p.208，以擀麵棍擀成2至3mm
厚，以模型壓成直徑9cm的圓形） 1片
無花果 1個
杏仁奶油（參照p.123＊） 20g
無鹽奶油 5g
鮮奶油（打至七分發） 適量
柳橙果肉 適量

1 在塔皮麵糰上距離邊緣約8mm處，往內擠滿
　杏仁奶油。擺入帶皮切成圓片的無花果，表
　面灑上捏碎的奶油塊。
2 將步驟1的塔放入已預熱的烤箱中，以160℃
　烘烤約25分鐘，直到整體呈現焦黃色。
3 將打發好的鮮奶油，和切成碎塊的柳橙果肉
　混合。
4 將仍溫熱的步驟2無花果塔裝盤，佐以步驟3
　的奶油醬即完成。

烤無花果

材料（3人分）
無花果　6個
柳橙　1/4個
紅糖（參照p.79⌘）　30g
無鹽奶油　20g
A
├ 布里歐麵包（切大丁）　20g
├ 杏仁（敲碎）　3顆分
├ 融化的奶油　5g
└ 糖漿（以1：1比例混合水和細砂糖，加熱後放
　涼備用）　適量

1　柳橙不去皮，縱向切成3等分的月牙形切片。
2　輕輕混合A料中的布里歐麵包、杏仁、融化
　　的奶油，整體呈現濕潤狀態後加入糖漿。
3　將無花果、步驟1的柳橙、步驟2的材料放入
　　耐熱烤皿中，灑上捏成碎塊的奶油和紅糖。
4　放入已預熱的烤箱中，以180℃烘烤約25至
　　30分鐘，使表面上色即完成。

紅色水果沙拉

Mixed fruits
綜合水果

水果最大的魅力之一就是美麗的色
彩。使用兩種以上不同顏色的水
果,混合在一起,就成了一道漂亮
的甜點。除了顏色之外,在口感及
口味上不妨多作些變化。

綠色水果沙拉

黃色水果沙拉

香蕉奇異果沙拉

柑橘沙拉佐鮮乳酪冰淇淋

香檳哈蜜瓜覆盆子沙拉

紅色水果沙拉

材料
水果
（草莓、西瓜、櫻桃、美國櫻桃、覆盆子、紅葡萄柚、藍莓等）　適量
糖漿（以1：1比例混合水和細砂糖，加熱後放涼備用）　適量
檸檬汁　適量
香草莢（已使用過一次，並充分洗淨乾燥）　1根

1　在糖漿中加入檸檬汁，將香草莢浸漬備用。
2　將大型水果切成容易入口的塊狀。
3　將全部的水果和步驟1的糖漿輕輕拌勻後，盛入容器中即完成。

綠色水果沙拉

材料
水果
（哈密瓜、奇異果、黃金奇異果、葡萄柚、青蘋果、葡萄、藍莓等）　適量
萊姆（切片）　適量
糖漿（以1：1比例混合水和細砂糖，加熱後放涼備用）　適量
檸檬汁　適量
羅勒葉　少許

1　在糖漿中加入檸檬汁調整風味。
2　水果去皮，切成容易入口的塊狀，和步驟1的糖漿和萊姆片混合。
3　將步驟2的材料盛入容器中，再以羅勒葉點綴即完成。

黃色水果沙拉

材料
水果
（芒果、黃桃、昆西哈蜜瓜、柳橙、葡萄柚、鳳梨等）　適量
百香果（種籽部分）　適量
糖漿（以1：1比例混合水和細砂糖，加熱後放涼備用）　適量
檸檬汁　適量
薄荷葉　少許

1　在糖漿中加入檸檬汁調整風味。
2　水果分別去皮後切成容易入口的塊狀，和步驟1的糖漿混合。
3　將步驟2的材料盛入容器中，淋上百香果，以薄荷葉點綴即完成。

柑橘沙拉佐鮮乳酪冰淇淋

材料
葡萄柚（白、紅寶石）　各適量
柳橙　適量
鮮乳酪冰淇淋（參照p.143＊）　適量
派皮（酥皮麵糰〈參照p.210〉烤成棒狀）　1根

1　葡萄柚和柳橙去皮，將果肉切成月牙形。
2　將步驟1的水果盛入容器中，佐以鮮乳酪冰
　　淇淋和派皮棒即完成。

香蕉奇異果沙拉

材料（容易製作的分量）
香蕉　2根
奇異果　3個
糖漿（以1：1比例混合水和細砂糖，加熱後放涼
備用）　適量
檸檬汁　適量
薄荷葉　少許

1　將香蕉和其中2顆奇異果去皮，切成5mm厚
　　的圓片。
2　另1顆奇異果去皮，以叉子搗碎成果泥狀。
3　將步驟1的水果和糖漿拌勻，加入檸檬汁調
　　整風味。
4　將步驟3與步驟2的水果盛入容器中，以薄荷
　　葉點綴即完成。

香檳哈蜜瓜覆盆子沙拉

材料（2盤分）
哈蜜瓜（昆西或夕張）　1個
覆盆子　適量
薄荷葉　適量
香檳　適量

1　哈蜜瓜對半切開、去籽，以球形挖勺挖取果
　　肉。
2　以挖空後的哈蜜瓜外皮當作容器，裝入挖出
　　的球形果肉、覆盆子、薄荷葉。
3　最後慢慢倒入香檳即完成。

最能感受到秋天來臨的食材。相信許多人都對於栗子口味的甜點難以抗拒吧？鬆軟的口感、單純樸實的甜味，是栗子最大的魅力所在。若有時間，不妨預先製作糖煮栗子（參照p.18）或栗子澀皮煮（參照p.194），之後需要使用時相當方便。

栗子牛軋糖

栗子蛋糕佐煉乳冰淇淋

栗子牛軋糖佐莓果醬

栗子牛軋糖

材料（直徑9cm、高2cm的慕絲圈模型約10個分）
蜂蜜　150g
栗子蜂蜜　30g
蛋白　120g
海藻糖　20g
鮮奶油（打至八分發）　700g
栗子澀皮煮（參照p.194＊）　160g
焦糖杏仁（作法和p.175的焦糖榛果相同，榛果改為杏仁）　200g
開心果　60g
蘭姆葡萄乾（葡萄乾浸漬於蘭姆酒中）　50g
生栗子（去皮，以切片器削成薄片）　適量

1 將蜂蜜和栗子蜂蜜倒入鍋中，加熱至120℃備用。將蛋白和海藻糖放入調理盆中混合，以打蛋器開始打發，同時一點一點地加入已經加熱的蜂蜜，打發至蛋白泡沫硬挺為止（a，b）。
2 將步驟1的調理盆底部浸入冰水、快速冷卻，再加入已打發的鮮奶油，稍加混合（c）。
3 將栗子澀皮煮、焦糖杏仁及開心果壓碎，與蘭姆葡萄乾加入步驟2的調理盆中拌勻（d）。填入擠花袋，擠入慕絲圈中，整平表面（e），放入冷凍庫冷卻至凝固。
4 將步驟3的牛軋糖從模型中取出，加上生栗薄片，淋上栗子蜂蜜（分量外）即完成。

栗子牛軋糖佐莓果醬

材料（直徑4cm、高4cm的慕絲圈模型約35個分）
栗子牛軋糖（同左記作法）　左記的量
綜合莓果　適量
細砂糖　適量
檸檬汁　適量
焦糖杏仁（參照左記）　適量
開心果　適量

1 將未冷卻凝固的栗子牛軋糖填入擠花袋，擠入慕絲圈中（f），整平表面後放入冷凍庫冷卻至凝固。
2 製作醬汁：將綜合莓果和細砂糖混合後微波加熱（500w加熱約1分鐘）。加入檸檬汁調整風味。
3 將少許敲碎的焦糖杏仁和開心果鋪在容器中，放上從模型中取出的步驟1牛軋糖。最後淋上步驟2的醬汁就完成了。

a

b

c

d

e

f

若材料中海綿蛋糕的比例較高，口感就像蛋糕；
若麵包的比例較高，口感就會接近布丁麵包。放
入較多海綿蛋糕，吸收餡料的效果也會更好。

材料（大型吐司模型〈弧形底部〉1個分）
布丁餡（參照p.70＊）　450g
麵包（長棍麵包的白色部分）　230g
海綿蛋糕（原味，參照p.213）　120g
海綿蛋糕（可可口味，參照p.213）　50g
糖煮栗子（參照p.18＊）　200g
煉乳冰淇淋（參照p.35＊）　適量
巧克力醬（市售品，或參照p.90＊）、可可粒
（grué de cacao，可可豆磨碎、烘烤而成）
各適量

1　將麵包及海綿蛋糕分別切成2至3cm丁狀。
2　以噴霧器在吐司模型（或大的磅蛋糕模型）
　　內側噴水，鋪上保鮮膜（a），依序疊入原
　　味海綿蛋糕、糖煮栗子、可可口味海綿蛋
　　糕、麵包、原味海綿蛋糕（b至e）。
3　將布丁餡適量倒入步驟2的模型中（f），靜
　　置一段時間，待餡料被吸收後再次倒入布丁
　　餡。重複這個步驟數次，讓布丁餡確實被吸
　　收。接著整平表面（g）。
4　放入已預熱的烤箱中，以200℃隔水烘烤70
　　分鐘（h，i）。出爐後連同模型一起放涼。
5　蛋糕冷卻後切成適當厚度，盛入容器中，以
　　巧克力醬和可可粒點綴，加上1球橄欖形煉乳
　　冰淇淋即完成。

全栗皿   栗子泡芙

栗子咖啡凍

栗子焙茶蒙布朗

栗子慕絲

全栗皿

材料（1人分）
栗子澀皮煮（參照下記＊） 1個
栗子冰淇淋（參照p.66） 適量
栗子粉蛋白霜（參照p.195，切成細棒狀） 1根

1 將材料全部盛入容器中即可。

＊栗子澀皮煮

材料（容易製作的分量）
栗子 約1kg
小蘇打粉（料理用） 10g
雙目糖 500g

1 將栗子和足量的熱水放入調理盆中，浸泡約30分鐘（a）。剝去外層的硬厚皮，注意不要損傷內側的澀皮，剝好後浸泡在水中。
2 將步驟1的栗子、水2L、小蘇打粉放入鍋中，煮沸後轉中火再煮約20分鐘（b）。
3 將步驟2的材料過篩，將栗子放入鍋中，注入新的水，以中火煮20分鐘後熄火，以流動的水沖涼栗子，冷卻至不燙手的程度。若栗子的澀皮上有絲，須拔除乾淨。
4 將鍋內的水換新，放入步驟3的栗子，煮約30至40分鐘。熄火後加蓋，燜蒸至接近人體溫度（36至37℃）後將水倒掉。
5 將雙目糖和水300g放入鍋中混合後煮至沸騰（c），作成糖漿。放入步驟4的栗子，再次煮沸，轉小火煮約5分鐘後熄火（d），直接留在鍋內放涼。重覆煮沸後放涼的步驟，直到栗子呈現光澤感即完成。

栗子泡芙

材料
泡芙麵糊（參照p.211步驟1至3） 適量
糖煮栗子（參照p.18＊） 適量
糖粉 適量
油炸用油（沙拉油） 適量

1 以泡芙麵糊包裹糖煮栗子，放入170℃的熱油中油炸。
2 瀝乾多餘油分後盛入容器中，灑上糖粉即完成。

栗子咖啡凍

材料
栗子慕絲
└ 栗子冰淇淋基底（參照p.66，倒入冰淇淋機之前的半成品）適量
煉乳冰淇淋（參照p.35＊） 適量
咖啡凍（容易製作的分量）
├ 咖啡液 300g
├ 黑糖（粉末） 35g
└ 洋菜粉（凝固劑） 12g

1 製作咖啡凍：咖啡液加熱至即將沸騰的狀態。將混合好的黑糖和洋菜粉，一口氣加入咖啡液中，並馬上攪拌，防止結塊。
2 將步驟1的材料倒入雞尾酒杯中，高度至杯身一半，放入冰箱中冷卻至凝固。
3 在步驟2的雞尾酒杯中放上煉乳冰淇淋，再將栗子冰淇淋基底填入虹吸氣壓瓶中，灌好瓦斯，充分搖勻後擠上（即為栗子慕絲）即完成。

栗子慕絲

材料
栗子慕絲
└ 栗子冰淇淋基底（參照p.66，倒入冰淇淋機之
　前的半成品） 適量
栗子澀皮煮（參照p.194＊） 適量
海綿蛋糕（原味、可可口味，參照p.213）
各適量
可可粉 適量

1 以料理噴槍稍加烘烤栗子澀皮煮，和切大塊
　的海綿蛋糕一起盛入容器中。
2 將栗子冰淇淋基底填入虹吸氣壓瓶中，灌好
　瓦斯，充分搖勻後擠在步驟1的材料上（即
　為栗子慕絲）。
3 灑上可可粉即完成。

栗子焙茶蒙布朗

材料（1人分）
日本栗子泥（市售品） 100g
鮮奶油（打至七分發） 30g
栗子澀皮煮（參照p.194＊） 適量
奶酥（參照p.213，烘烤過） 適量
栗子牛軋糖（p.190的未凝固牛軋糖填入擠花袋
中，擠出成圓頂形，冷凍後備用） 1個
日式焙茶冰淇淋（參照p.79＊） 適量
可可粉 適量
栗子蛋白霜（容易製作的分量）
├ 蛋白 50g
├ 栗子粉（市售品） 55g
└ 糖粉 40g

1 製作栗子蛋白霜：將蛋白放入調理盆中，以
　打蛋器打至蛋白泡沫硬挺。
2 將栗子粉和糖粉混合，加入步驟1的蛋白霜
　中拌勻。在烤盤中鋪上烘焙紙，將蛋白霜鋪
　成薄板狀，放入已預熱的烤箱中，以160℃烘
　烤15至20分鐘後，放涼待降溫至80℃，再烤
　25分鐘。
3 將日本栗子泥和打發鮮奶油充分拌勻。
4 將切成4等分的栗子澀皮煮和奶酥盛入容器
　中，加上栗子牛軋糖，再放上1球橄欖形日
　式焙茶冰淇淋。將步驟3的材料填入擠花袋
　中，擠出正好覆蓋住冰淇淋的分量。將步驟
　2的栗子蛋白餅切成適當大小，貼在側面，
　最後灑上可可粉即完成。

毛豆茅屋乳酪

**Vegetable
蔬菜**

時下正流行的蔬食風，甜點也同樣適用。使用時盡可能發揮蔬菜原本的風味本身就帶有甜味的地瓜或南瓜，自然而然就能派上用場。

地瓜布丁（地瓜塊蘋果丁）　　　　　　　地瓜布丁（糖煮金桔）

烤地瓜盅

蘋果地瓜葡萄乾沙拉佐煉乳冰淇淋

毛豆茅屋乳酪

材料（1人分）
茅屋乳酪　80g
鮮奶油　30g
毛豆（燙熟後從豆莢內取出的豆子）　25g
細砂糖　4g
檸檬汁　少許
核桃（烘烤過）　適量
黑胡椒　適量
蜂蜜（洋槐）　少許

1　將毛豆、細砂糖、檸檬汁混合後，以電動攪拌器打碎成泥。
2　在步驟1的材料中加入茅屋乳酪和鮮奶油拌勻。
3　將步驟2的材料盛入容器中，灑上毛豆（分量外）、切碎的核桃、黑胡椒，淋上蜂蜜即完成。

地瓜布丁
（地瓜塊蘋果丁・糖煮金桔）

充分展現地瓜香甜滋味的布丁。

材料（容易製作的分量）
牛奶　380g
地瓜泥（地瓜去皮後蒸熟，以食物調理機攪打成泥，或市售品）　125g
全蛋　60g
蛋黃　30g
細砂糖　60g
檸檬汁　6g
地瓜（蒸熟後切丁）　適量
蘋果（切丁）　適量
糖煮金桔（參照p.51）　適量

1　將牛奶倒入鍋中，加熱至即將沸騰的狀態。
2　將全蛋、蛋黃、細砂糖倒入調理盆中混合，以打蛋器前端輕輕磨擦盆底，大幅度畫圓充分攪拌。一點一點地加入步驟1的牛奶，同時以打蛋器攪拌，再倒入細網過篩。
3　在步驟2的材料中加入地瓜泥和檸檬汁拌勻。
4　將布丁杯排列在烤盤中，半數杯子的底部鋪滿地瓜和蘋果丁，剩下的杯子底部鋪滿大略切塊的糖煮金桔，再將步驟3的布丁餡平均倒入所有的布丁杯中。
5　在步驟4的烤盤中注入熱水，放入已預熱的烤箱中，以150℃隔水烘烤約30至40分鐘，就完成了。

蘋果地瓜葡萄乾沙拉佐煉乳冰淇淋

材料
地瓜（甜地瓜⌘，蒸熟）　30g
蘋果（切大丁）　1個分
糖漿（以1：1比例混合水和細砂糖，加熱後放涼
備用）　30g
檸檬汁　5g
葡萄乾　適量
煉乳冰淇淋（參照p.35＊）　適量
核桃（烘烤過）　適量

⌘甜地瓜：使用安納芋等品種。

1　地瓜蒸熟後去皮、切丁。蘋果混合糖漿和檸
　　檬汁，放入耐熱烤皿中，以500w波爐加熱
　　5分鐘（直到蘋果完全熱透，呈半透明狀為
　　止）。
2　輕輕混合步驟1的地瓜、蘋果、葡萄乾，盛
　　入容器中。加上1球橢圓形的煉乳冰淇淋，灑
　　上核桃碎粒即完成。

烤地瓜盅

材料（容易製作的分量）
地瓜（粗）　1根
蘋果（切小丁）　5g
香蕉（切小丁）　8g
無花果（半乾燥，切小塊）　8g
鳳梨（半乾燥，切小塊）　8g
核桃（烘烤過）　1個
切達乳酪（磨碎）　10g
布里歐麵包（剝成碎塊）　20g
布丁餡（參照p.70＊）　適量
融化的奶油　10g

1　將布里歐麵包和布丁餡混合成濕潤狀後，加
　　入切達乳酪。
2　地瓜帶皮蒸熟，切成3cm厚的圓片。取一個
　　比地瓜直徑略小的慕絲圈，壓除地瓜中心，
　　形成圓筒狀。
3　將步驟2取出的地瓜果肉放入細網過篩壓成
　　泥，和融化的奶油混合，再加入切丁的蘋
　　果、香蕉、無花果、鳳梨、切碎的核桃後拌
　　勻。
4　將步驟1的布里歐麵包和步驟3的材料混合，
　　裝入挖空的地瓜圈中塞滿。放入已預熱的烤
　　箱中，以180℃烘烤約25分鐘，上色後即完
　　成。

南瓜布丁
（南瓜丁）

南瓜布丁
（黑芝麻）

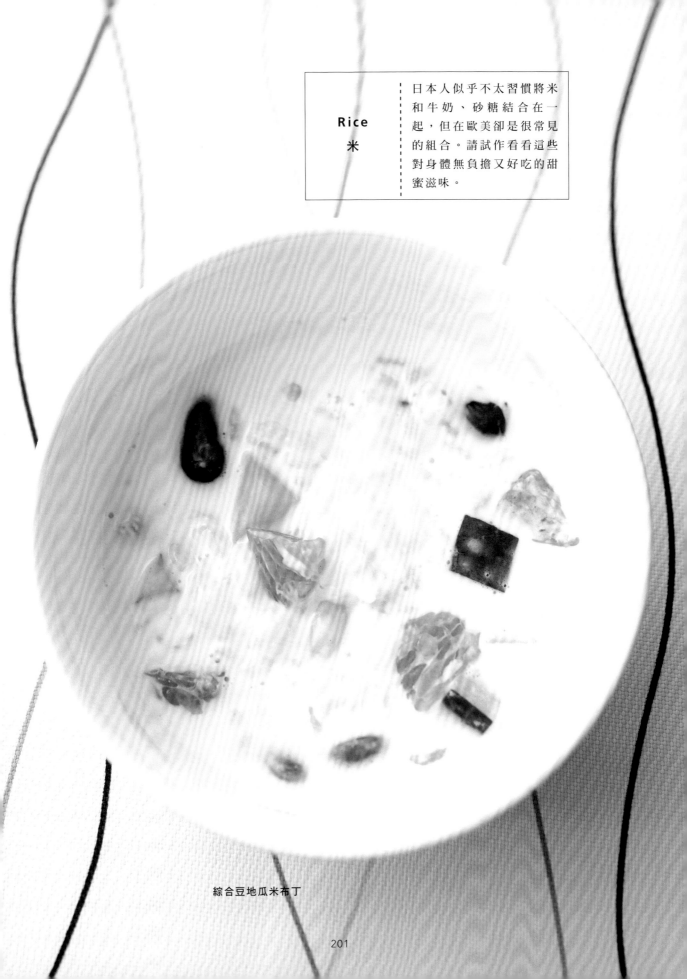

日本人似乎不太習慣將米和牛奶、砂糖結合在一起,但在歐美卻是很常見的組合。請試作看看這些對身體無負擔又好吃的甜蜜滋味。

綜合豆地瓜米布丁

南瓜布丁
（南瓜丁·黑芝麻）

完全呈現南瓜風味的布丁。

材料（容易製作的分量）
牛奶　380g
南瓜泥（南瓜去皮後蒸熟，以食物調理機攪打成泥，或市售品）　125g
全蛋　60g
蛋黃　30g
細砂糖　60g
檸檬汁　6g
南瓜（蒸熟後切丁）　適量
黑芝麻　適量

1　將牛奶倒入鍋中，加熱至即將沸騰的狀態。
2　將全蛋、蛋黃、細砂糖倒入調理盆中混合，以打蛋器前端輕輕磨擦盆底，大幅度畫圓充分攪拌。一點一點地加入步驟1的牛奶，同時以打蛋器攪拌，再以濾網過濾。
3　在步驟2的材料中加入南瓜泥和檸檬汁拌勻。
4　將布丁杯擺放在烤盤中，半數杯子的底部鋪滿南瓜丁，倒入步驟3的布丁餡。
5　將黑芝麻加入剩下的布丁餡攪拌，再倒入剩下的杯子。
6　在步驟4的烤盤中注入熱水，放入已預熱的烤箱中，以150℃隔水烘烤約30至40分鐘即完成。

綜合豆地瓜米布丁

材料
米布丁（容易製作的分量）
├ 米　50g
├ 牛奶　500g
├ 細砂糖　50g
└ 香草莢（已使用過一次，並充分洗淨乾燥）
　適量
蜜柑（撕去纖維薄皮後的果肉）　適量
地瓜（帶皮蒸熟後切丁）　適量
大紅豆、白腎豆（燙熟，冷凍或罐頭ok）　適量

1　製作米布丁：將米、牛奶、細砂糖、香草莢放入鍋中混合後加熱。以木杓攪拌，防止鍋底燒焦，以極小火加熱至稍殘留米芯為止。
2　在步驟1的鍋中加入蜜柑、地瓜、大紅豆、白腎豆加熱即完成。

豆奶米布丁 photo p.204

材料（容易製作的分量）
米布丁（參照p.202步驟1） 120g
豆奶 30g
香蕉（去皮，切丁） 適量
奇異果（去皮，切丁） 適量
白玉珍珠粉圓（煮後泡冷水備用） 適量

1 米布丁和豆奶在鍋中混合，以微火溫熱。
2 步驟1的鍋中加入香蕉、奇異果、白玉珍珠
  粉圓即完成。

栗子南瓜米布丁 photo p.204

材料
米布丁（參照p.202步驟1） 適量
南瓜丁（帶皮蒸熟後切丁） 適量
糖煮栗子（參照p.18＊，以手剝碎） 適量
日式焙茶冰淇淋（參照p.79＊） 適量
核桃（烘烤過） 各適量

1 將溫熱後的米布丁盛入容器中，加入南瓜、
  糖煮栗子。放上1球橢圓形的日式焙茶冰淇
  淋，灑上切碎核桃即完成。

豆奶米布丁 recipe p.203

栗子南瓜米布丁
recipe p.203

地瓜烤米飯

綜合豆烤米飯

綜合豆烤米飯

材料（1人分）
白飯（冷飯）　100g
布丁餡（參照p.70＊）　100g
綜合豆類（冷凍）　50g
細砂糖　適量

1　將白飯和布丁餡放入調理盆中混合，加入綜
　　合豆類，輕輕混合後倒入烤布蕾烤皿中。
2　將步驟1的烤皿放入烤盤，在烤盤中注入熱
　　水，放入已預熱的烤箱中，以160℃隔水烘烤
　　20至25分鐘，出爐後放入冰箱冷藏降溫。
3　在步驟2的烤米飯表面灑上細砂糖，以料理
　　噴槍烤成焦黃色即完成。

地瓜烤米飯

材料（1人分）
白飯（冷飯）　100g
布丁餡（參照p.70＊）　100g
地瓜（蒸熟後切丁）　50g
糖煮金桔（參照p.51，切碎）　10g
核桃（烘烤過後拍碎）　適量

1　將白飯和布丁餡放入調理盆中混合。加入蒸
　　熟的地瓜、切碎的糖煮金桔和核桃，輕手攪
　　拌後倒入烤布蕾烤皿中。
2　將步驟1的烤皿放入烤盤，在烤盤中注入熱
　　水，放入已預熱的烤箱中，以160℃隔水烘烤
　　20至25分鐘，出爐後放入冰箱冷藏降溫即完
　　成。

基本麵糰 & 奶油醬

材料（容易製作的分量，a）
低筋麵粉　500g
無鹽奶油　250g
鹽　2g
全蛋　4個

準備
奶油切成小丁，放入冰箱冷藏備用。低筋麵粉過篩備用。

使用食物調理機的作法

1　將低筋麵粉、奶油、鹽放入食物調理機中拌勻（b，c）。

2　奶油攪碎後倒入全蛋，同時繼續攪拌（d）。

3　蛋完全拌勻後（e，注意不要過度攪拌），取出麵糰放在預先灑好手粉（分量外）的作業台上（f），整形成半圓狀（g），以保鮮膜包覆（h），放入冰箱冷藏保存。

手工揉麵的作法

1　將低筋麵粉、鹽、奶油放入調理盆中混合，以手輕輕磨擦盆底，大幅度畫圓充分攪拌，形成鬆散的奶酥狀。

2　將步驟1的材料中央撥開成甜甜圈狀，在中央的洞中打入全蛋，再把周圍的麵糰慢慢往中間揉拌，混合成糰（注意不要過度搓揉）。

3　取出麵糰放在預先灑好手粉的作業台上，整形成半圓狀，以保鮮膜包覆，放入冰箱冷藏保存。

盲烤（參照p.122）

1　塔皮麵糰擀成2至3mm厚，以滾輪打洞器或叉子尖端戳出均勻的透氣孔，鋪在預先薄塗一層奶油的模型中，放入冰箱冷藏靜置約20分鐘後，鋪上烘焙重石，放入已預熱的烤箱中，以200℃烘烤30至35分鐘。

2　烤上色後便可移除重石。若要倒入像布丁餡這類的液態內餡，可在內側刷上蛋黃液（分量外）後再烤3分鐘，若是倒入較濃稠的內餡，則直接盲烤3分鐘，至整體均勻上色即可。出爐後完全放涼即完成。

⌘　如果倒入的是像杏仁奶油這類濃稠的內餡，由於不必擔心液體滲出，所以不需要刷上蛋黃液。

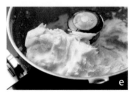

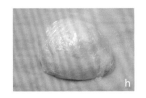

甜塔皮麵糰

材料（容易製作的分量，a）
低筋麵粉　500g
無鹽奶油　300g
糖粉　200g
蛋黃　4個
牛奶　30g

準備
奶油切成小丁，放入冰箱冷藏備用。低筋麵粉過篩備用。

使用食物調理機的作法
1 將低筋麵粉、奶油放入食物調理機中拌勻（b）。
2 奶油攪碎後倒入糖粉，同時繼續攪拌（c）。接著加入蛋黃，繼續攪拌（d）。最後加入牛奶拌勻（e）。
3 完全拌勻後（f，注意不要過度攪拌），取出麵糰放在預先灑好手粉（分量外）的作業台上（g），整形成半圓狀，以保鮮膜包覆（h），放入冰箱冷藏保存。

手工揉麵的作法
1 將奶油放入調理盆中，攪拌成乳霜狀。將糖粉過篩後，分成數次加入奶油中，一邊攪拌，避免糖粉結塊。
2 混合蛋黃和牛奶，加入步驟1的調理盆中，以打蛋器前端輕輕磨擦盆底，大幅度畫圓充分攪拌。
3 在步驟2的調理盆中加入過篩後1/3分量的低筋麵粉，以打蛋器攪拌。將剩下的低筋麵粉分成2次加入，注意不要過度攪拌，以矽膠抹刀拌勻。
4 取出麵糰放在預先灑好手粉的作業台上，整形成半圓狀，以保鮮膜包覆，放入冰箱冷藏保存。

盲烤
1 甜塔皮麵糰擀成2至3mm厚，以滾輪打洞器或叉子尖端戳出均勻的透氣孔，鋪在預先薄塗一層奶油的模型中，放入冰箱冷藏靜置約20分鐘，鋪上烘焙重石，放入已預熱的烤箱中，以170℃烘烤30至40分鐘。
2 以170℃烤上色後便可移除重石。若要倒入像布丁餡這類的液態內餡，可在內側刷上蛋黃液（分量外）後再烤3分鐘，若是倒入較濃稠的內餡，則直接盲烤3分鐘，至整體均勻上色即可（參照p.208）。出爐後完全放涼即完成。

＊可可口味甜塔皮麵糰
以原味甜塔皮麵糰的配方，將低筋麵粉的分量改為475g，並加入25g可可粉，之後以相同的步驟製作（低筋麵粉過篩時，請混合可可粉一併過篩）。

酥皮麵糰（多重折疊的塔皮麵糰）

材料（容易製作的分量，a）

A
- 低筋麵粉　750g
- 高筋麵粉　250g
- 細砂糖　10g
- 鹽　5g
- 無鹽奶油　250g

冷水　340g

折派皮用奶油　900g

準備

混合低筋麵粉、高筋麵粉、細砂糖、鹽，過篩後備用。無鹽奶油250g切成丁狀備用。折派皮用奶油擀成20cm的正方形。以上材料放入冰箱冷藏備用。

使用食物調理機的作法

1　將A料放入食物調理機中拌勻（b）。

2　奶油攪碎後（以手觸摸，確認奶油和麵粉混合的狀態，如果不夠鬆散，烘烤後就不會酥脆），加入冷水（c），繼續攪拌。

3　完全拌勻後（d），將麵糰放在預先灑好手粉的作業台上，整形成半圓狀（e），在上方畫出十字刀口，再以保鮮膜包覆（f），放入冰箱冷藏靜置約30分鐘。

4　將步驟3的麵糰擀成正方形，包入折疊用奶油（g至i），以擀麵棍擀平（j至l），折3折（m）。將麵糰旋轉90°後再次擀平（n），再折3折（o，p）。放入冰箱冷藏靜置約2小時。重複此步驟3次，最後以保鮮膜包覆，放入冰箱冷藏靜置約2小時即可。

手工揉麵的作法

混合A料，以手輕輕磨擦盆底，大幅度畫圓充分攪拌至鬆散狀後加入冷水，同時攪拌。之後的作法和上述相同。

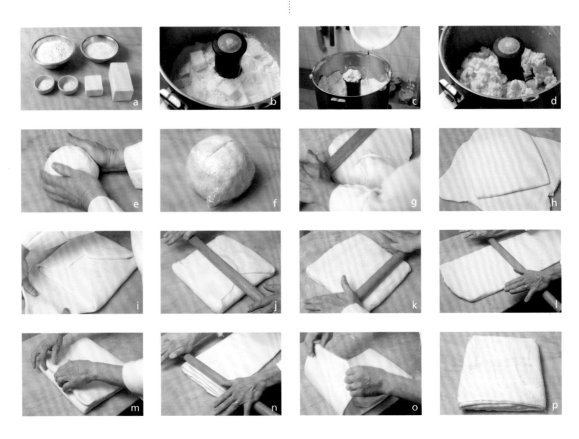

材料（大型泡芙約12個分，小型泡芙約40個分，a）

水　250g
低筋麵粉（過篩後備用）　150g
無鹽奶油　115g
細砂糖　3g
鹽　3g
全蛋　3至4個

1　將材料中的水、奶油、細砂糖、鹽放入鍋中，以火加熱（b）。煮沸至奶油融化後熄火，加入低筋麵粉的同時（c），以木杓充分攪拌，防止結塊（d）。

2　將步驟1的材料再次以中火加熱，同時以木杓拌勻，至水分蒸發（e，f）。鍋底開始出現薄膜後即可熄火（g）。

3　將步驟2的材料倒入直立式攪拌器的調理盆中。一次1顆打入全蛋，同時拌勻（若以手工攪拌，則使用木杓拌勻，h，i），直到麵糊產生黏性，以木杓舀起時會呈現倒三角形滴落的狀態（j）。

4　將步驟3的麵糊填入擠花袋中，保持間距地在已鋪上矽膠烘焙墊的烤盤中，擠出想要的大小（k）。以沾濕的叉子在麵糊表面輕輕壓出紋路（l）。

5　麵糊表面以噴霧器噴上水霧，放入已預熱的烤箱中，以180℃烘烤約20分鐘。

⌘　需要灑上雙目糖、堅果、芝麻後再烘烤的狀況，先灑好配料後再噴水。

⌘　麵糰擠出成形後也可以冷凍保存。

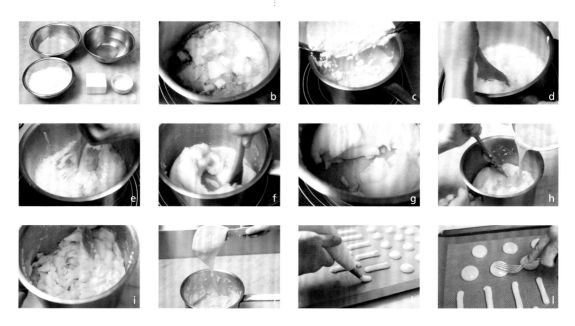

巴巴蛋糕

材料（容易製作的分量，a）
高筋麵粉　200g
全蛋　100g
鮮奶油　30g
牛奶　60g
鹽　3g
細砂糖　15g
乾酵母　15g
無鹽奶油　40g

1　將鮮奶油和牛奶放入調理盆中，以隔水加熱的方式稍加溫熱，加入鹽、細砂糖、乾酵母後靜置片刻（b），再輕輕攪拌均勻（c）。

2　在步驟1的調理盆中加入高筋麵粉（d），移至直立式攪拌器攪拌（e）。

3　在步驟2中的材料一點一點地加入全蛋並攪拌（f），倒回調理盆中，加入3/4分量已溫熱至40℃的無鹽奶油攪拌。

4　取出麵糰放在作業台上，將剩下的無鹽奶油搓揉進麵糰。

5　將整揉好的麵糰放入調理盆中（h），蓋上濕布巾，以27至28℃的溫度發酵約30分鐘（i）。

6　將步驟5已發酵的麵糰（n）再次整揉（k），作成數個高度約為慕絲圈模型（圖中的慕絲圈模型直徑約3cm）高度一半的圓球麵糰（l），將慕絲圈放在墊有矽膠烘焙墊的烤盤上，並將麵糰塞入慕絲圈中（m）。再次以27至28℃的溫度發酵5分鐘（n）。

7　放入已預熱的烤箱中，以200℃烘烤2分鐘後，再將溫度調降至175℃，繼續烘烤8分鐘（o）。如果沒有烤透，可再以180℃烘烤數分鐘。出爐後沿著模型邊緣插入奶油抹刀，將蛋糕脫模（p）。

奶酥麵糰

材料（容易製作的分量，a）
無鹽奶油　160g
三溫糖　200g
杏仁粉　200g
低筋麵粉　200g
鹽、肉桂粉　各1小撮

1　混合低筋麵粉、杏仁粉、三溫糖、鹽，過篩備用。奶油切成小丁。將以上材料放入冰箱冷藏備用。

2　將所有材料放入調理盆中，以手輕輕磨擦盆底，大幅度畫圓充分搓揉成鬆散狀（或以Robot Coupe食物調理機攪拌，參照下記⌘）。放入冰箱冷藏靜置約1小時（這個狀態的麵糰可裝入保鮮袋中，冷凍保存）。

3　需要單獨烘烤奶酥麵糰的時候，將步驟2的麵糰均勻地在烤盤中鋪開（g），放入已預熱的烤箱中，以170℃烘烤7至8分鐘，至呈現焦黃色即可。

⌘　使用Robot Coupe食物調理機攪拌時，首先將奶油和三溫糖充分混合（b・c），杏仁粉和低筋麵粉分成2至3次倒入，同時持續攪拌，直到快要拌至完全均勻的狀態（d至f）。

⌘　烤好的奶酥和乾燥劑一起放入密閉容器中，可保存數日（h）。如果保存過久，只要再以和烘烤時相同溫度的烤箱重新烤幾分鐘後即可使用。

海綿蛋糕（原味）

材料（直徑12cm圓型模2至3個分）
全蛋　150g
蛋黃　40g
細砂糖　125g
牛奶　40g
無鹽奶油　25g
低筋麵粉　100g

1　在模型中塗上奶油（分量外），鋪入烘焙紙。

2　將全蛋和蛋黃放入調理盆中混合後打散，加入細砂糖攪拌，讓盆底接觸熱水加熱，以打蛋器充分攪拌。攪拌至以木勺舀起時，滴落的蛋液質地黏稠、呈三角旗狀後，加入過篩後的低筋麵粉，以矽膠抹刀從盆底向上翻舀的方式攪拌。

3　混合牛奶和奶油，盆底以40℃的熱水加熱。

4　將少許的步驟2材料加入步驟3的調理盆中拌勻，再倒回步驟2的調理盆中，稍加攪拌（注意不要過度攪拌）。

5　將步驟4的材料倒入步驟1的模型中。放入已預熱的烤箱中，以175℃烘烤約20分鐘。

6　在中央處按壓，如果蛋糕充滿彈性地馬上彈回，即表示完成。脫模後置於網架上放涼。

＊可可口味海綿蛋糕
　將原味海綿蛋糕配方中的低筋麵粉改為65g，加入35g可可粉。其餘作法相同。

卡士達醬

材料（容易製作的分量，a）
牛奶　500g
蛋黃　6個
細砂糖　125g
低筋麵粉　50g
無鹽奶油　50g
香草莢（縱向對半剖開）　1/4根

1　將香草莢放入牛奶中，加熱至即將沸騰的狀態（b）。

2　將蛋黃和細砂糖放入調理盆中混合，以打蛋器前端輕輕磨擦盆底，大幅度畫圓充分攪拌，直到顏色變白為止（c至e）。倒入全部的低筋麵粉攪拌（f，g）。

3　將步驟1的牛奶一點一點地倒入步驟2的調理盆中，一邊拌勻（h，i）。

4　將步驟3的材料過濾倒回鍋中（j），以中火加熱，同時持續攪拌以防止鍋底燒焦（k），出現光澤後即可熄火（l），最後加入奶油拌勻。

5　將步驟4的材料倒入烤盤中，表面加上保鮮膜緊密貼合（m），將盆底浸入冰水中，快速冷卻即完成。

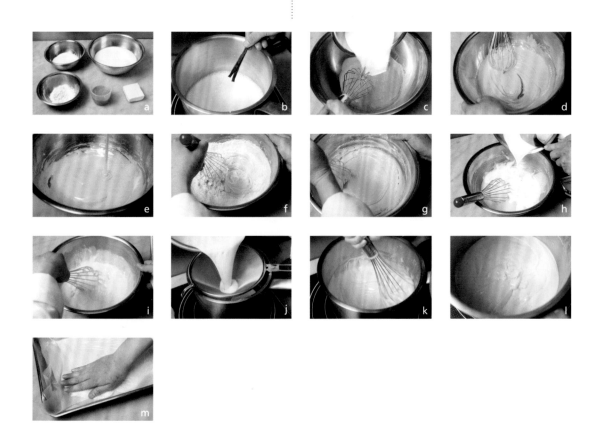

材料（容易製作的分量，a）
牛奶　500g
蛋黃　6個
細砂糖　125g
香草莢（縱向對半剖開）　1/2根

1　將香草莢放入牛奶中，加熱至即將沸騰的狀態。

2　將蛋黃和細砂糖放入調理盆中混合，以打蛋器前端輕輕磨擦盆底，大幅度畫圓充分攪拌（b，c）。

3　將步驟1的牛奶一點一點地倒入步驟2中，同時拌勻（d）。

4　將步驟3的材料過濾倒回鍋中（e）。以小火加熱，同時以矽膠抹刀攪拌，直到呈黏稠狀（約以80℃加熱約3分鐘，溫度太高會造成材料分離，請留意，f，g）。

5　將步驟4的材料過濾至調理盆中（h，取出香草莢），將盆底浸入冰水中，快速冷卻後即完成。

國家圖書館出版品預行編目(CIP)資料

把烘焙變簡單&什麼都可以作!一起作233道職人級好味甜點
／音羽和紀著；丁廣貞翻譯.
-- 初版. -- 新北市：良品文化館出版：雅書堂文化發行,
2019.05
　　面；　公分. -（烘焙良品；87）
　　譯自：なんでもデザート：カフェや小さなレストランにち
ょうどいいアイデアデザート+おうちデザート 233品
　　ISBN 978-986-7627-05-6(精裝)

1.點心食譜

427.16　　　　　　　　　　　　　　　　108001171

烘焙良品 87

把烘焙變簡單&什麼都可以作!
一起作233道職人級好味甜點

作　　　者／音羽和紀
譯　　　者／丁廣貞
發　行　人／詹慶和
總　編　輯／蔡麗玲
執 行 編 輯／陳昕儀
特 約 編 輯／莊雅雯
編　　　輯／蔡毓玲·劉蕙寧·黃璟安·陳姿伶·李宛真
執 行 美 編／陳麗娜
美 術 編 輯／周盈汝·韓欣恬
出　版　者／良品文化館
郵政劃撥帳號／18225950
戶　　　名／雅書堂文化事業有限公司
地　　　址／220新北市板橋區板新路206號3樓
電 子 信 箱／elegant.books@msa.hinet.net
電　　　話／(02)8952-4078
傳　　　真／(02)8952-4084

2019年5月初版一刷　定價680元

NANDEMO DESSERT
©KAZUNORI OTOWA 2014
Originally published in Japan in 2014 by SHIBATA PUBLISHING CO.,
LTD.
All rights reserved. No part of this book may be reproduced in any form
without the written permission of the publisher.
Chinese translation rights arranged with SHIBATA PUBLISHING CO.,
LTD., Tokyo through TOHAN CORPORATION,TOKYO.
and Keio Cultural Enterprise Co., Ltd.

經銷／易可數位行銷股份有限公司
地址／新北市新店區寶橋路235巷6弄3號5樓
電話／(02)8911-0825
傳真／(02)8911-0801

餐廳
Otowa Restaurant
Otowa Kitchen
Cité・Auberge

精緻外燴店（Delica Shop）
東武宇都宮百貨店B1Fオーベルジュ
ecute上野 オーベルジュ音羽

株式會社Otowa Creation
Homepage http://otowa-group.com

STAFF
本書協力
音羽明日香
音羽香菜

攝影 海老原俊之
設計 中村善郎／yen
編輯 長澤麻美